创新融合

INNOVATION&INTEGRATION

上海工艺美术职业学院产品设计专业群品牌文创产品设计案例集

BRAND CULTURAL AND CREATIVE PRODUCT DESIGN CASES OF PRODUCT DESIGN PROFESSIONAL GROUP, SHANGHAI ART & DESIGN ACADEMY

主　编　殷　实
副主编　孙晓晨　沈瑞月　张　昕　贺一馨
编　委　徐丽蓉　夏荔荔　张君如　朱卫兵
　　　　路玲娟　金　斓　孙卫林　翟有恒

中国海洋大学出版社
·青岛·

图书在版编目（CIP）数据

创新融合：上海工艺美术职业学院产品设计专业群品牌文创产品设计案例集 / 殷实主编. — 青岛：中国海洋大学出版社，2024.2

ISBN 978-7-5670-3757-1

Ⅰ. ①创… Ⅱ. ①殷… Ⅲ. ①文化产品－产品设计－案例－中国 Ⅳ. ①G124

中国国家版本馆CIP数据核字（2024）第014526号

出版发行　中国海洋大学出版社
社　　址　青岛市香港东路23号　　邮政编码　266071
出 版 人　刘文菁
策 划 人　王　炬
网　　址　http://pub.ouc.edu.cn
电子信箱　tushubianjibu@126.com
订购电话　021-51085016
责任编辑　矫恒鹏　　电　　话　0532-85902349
印　　制　上海邦达彩色包装印务有限公司
版　　次　2024年2月第1版
印　　次　2024年2月第1次印刷
成品尺寸　250mm×210mm
印　　张　17
字　　数　68千
印　　数　1～1000
定　　价　168.00元

前言

上海工艺美术职业学院是上海市唯一一所独立设置的艺术设计类高职院校，也是上海市唯一承担国家教育体制改革试点的高职院校和上海市唯一入选国家“双高”建设计划的高职院校。学院认真贯彻上海市教育综合改革精神，以建设特色型高等艺术院校为目标，致力于打造深植中华文化、独具海派风貌、拥有时代特征和世界视野的一流文化传承与创意人才教育高地。学院不断探索与国际顶级企业合作办学新途径，建立了多种形式的校企合作育人模式。学院以立德树人为根本任务，以办人民满意的大学为目标，全面贯彻党的教育方针，坚持走校企合作、产教融合的特色办学道路。学院高度重视学生的思想政治教育、专业能力培养和综合素质提升，努力把学生培养成德智体美劳全方面发展的社会主义建设者和接班人。

上海工艺美术职业学院产品设计学院下设产品艺术设计、广告艺术设计、数字媒体艺术设计、环境艺术设计、服装与服饰设计、皮具艺术设计、摄影与摄像艺术七个专业。学院作为教育部“中国特色高水平高职院校”两个核心专业群之一的“非遗生产性保护”产品艺术设计专业群相关建设任务的主要承担者，致力于培养具备创新思维能力、设计实践能力、国际视野能力的现代设计高素质人才。学院实行项目化综合实训教学，通过商业项目任务，培养学生的实践能力；深化技能培训，培养学生的文创产品开发和运营能力，提高就业和职业发展竞争力。

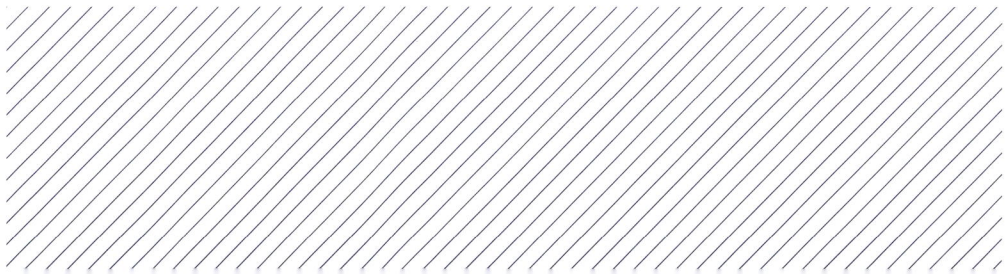

2021 年，上海工艺美术职业学院“产教融合、争创一流，开启‘双高’新征程”文创产品开发协同创新中心成立大会顺利召开，成立文创产品开发协同创新中心（以下简称中心）。中心是产品艺术设计专业群建设的重要内容之一，中心的成立是为了更好地深化产教融合、推进校企合作，建立更好的校企政行协调育人

机制。中心秉承上海工艺美术职业学院“立德、精艺、善美、致用”的精神，以“传统美学、现代创新、跨界融通、设计执行、产业联通”为核心，通过汇聚创新资源和创新要素，联合学校、政府、行业、企业进一步深化产教融合，促进多方资源及优势共享，共同推进专业群“双高”建设，实现专业群人才、学科、科研、企业、行业五位一体协同融合。中心依托文创产业链各龙头企业、平台，以优势资源协同创新，打造国内一流的文创产教融合协同创新平台，逐步建立文创产业链生态闭环。

中心结合产品设计学院专业群各专业教学实践，建立了校、政、行、企协同运行机制，成立技术技能大师工作室，完成企业孵化教育教学与产品创新项目，实现知识产权转化与文创产品孵化，定期开展沙龙、展览、论坛，培育技术技能创新团队，实现横向服务。

中心深化产教融合、推进校企合作，将企业真实项目融入教学项目和毕业设计项目，将教学文创产品设计转化为真实行企需要的落地项目，极大提升了教育教学质量。学生作品在各大国家赛事和上海市赛事中频频获奖，体现了创新融合的教学实效。

本案例集精选产品设计学院专业群广告艺术设计专业近两年的优秀教学成果案例，精心编排，图文并茂、体例活泼，适合专业师生或相关从业人员作为设计参考用书，以期能为系统培养更多文创设计专业人才发挥应有的作用。

殷实于上海

2023年11月5日

目录

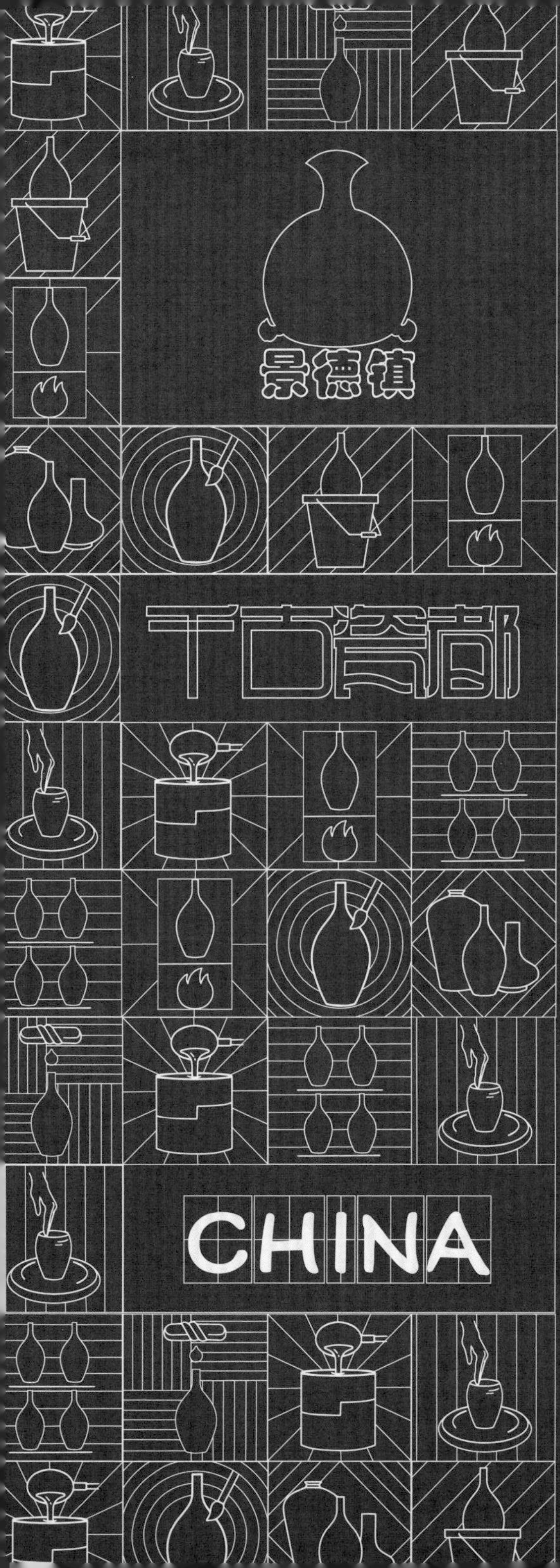

瓷都行

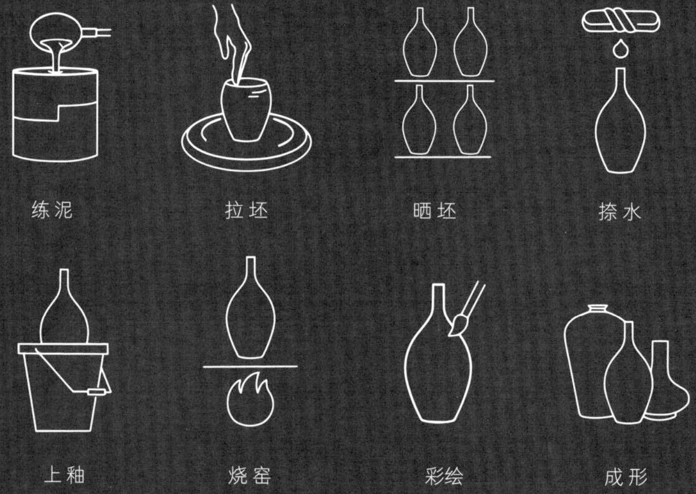

作　　者 / *仲晓雪　宇梦莲*

指导老师 / *沈瑞月　朱卫兵　黄　嫣*

景德镇是国家首批历史文化名城，中国优秀旅游城市。其中，景德镇古窑民俗博览区是国家 5A 级旅游景区，是目前全国唯一一家以陶瓷文化为主题的 5A 级景区，是全省唯一一家坐落在城市中心的国家 5A 级旅游景区，也是国家文化产业示范基地、国家级非物质文化遗产生产性保护示范基地，集中再现了“瓷都”景德镇千年制瓷历史。

本设计以“宣传、发展、文化交流”为主导思想，旨在发掘景德镇的风土人情，宣传与发展“瓷都”文化，希望通过对景德镇的宣传，让更多的人了解“瓷都”文化，让大众看到不一样的瓷器表现，激发“瓷都”文化活力。

本设计来源于江西景德镇“瓷都”文化，将四大名瓷——青花瓷、粉彩瓷、玲珑瓷、色釉瓷进行拟人化，让瓷器不再是冷冰冰的摆设，而是变得生动活泼，贴近生活、走入人心，吸引更多人去了解瓷器。

设计方案主要表现形式：IP 形象、海报、Logo、辅助图形、周边产品。

青花瓷：青花瓷是釉下彩的杰出代表，于元代发展成熟。由于青花瓷色釉素雅、传播范围广、存世数量大而成为景德镇传统瓷之首。

粉彩瓷：粉彩瓷是景德镇创制的新品种，其发展素有“始于康熙、精于雍正、盛于乾隆”之说。粉彩是雍正彩瓷中最著名的品种之一，彩料比康熙朝的要精细，色彩柔和，皴染层次多。大多数在白地上、少量在色地上绘纹饰。以花蝶图为最多，牡丹、月季、海棠、四季花也极为普遍。

玲珑瓷：新中国成立后，景德镇玲珑瓷多为日用。除了各式中西餐具、茶具、酒具外，还开发了各式花瓶、灯具等，这些都是景德镇特有的产品。

色釉瓷：中国是最早使用颜色釉料装饰陶瓷的国家之一，隋唐时期就有南方越窑的青瓷和北方的“唐三彩”。入宋后，各地名窑辈出，色釉的品种增多，以景德镇影青瓷最具特色。元代瓷胎原料的改进，为高温颜色釉的进一步发展提供了可能。20 世纪 90 年代以后，随着液化气窑的普及，景德镇色釉瓷的烧制再次得到发展。如今，色釉与其他釉上工艺的结合，被广泛地用于陈设、日用、建筑等。

景德镇

景德镇

你好
我叫作
青花
地道的景德镇人
景德镇IP形象设计
WELCOME TO JINGDEZHEN IP IMAGE DESIGN

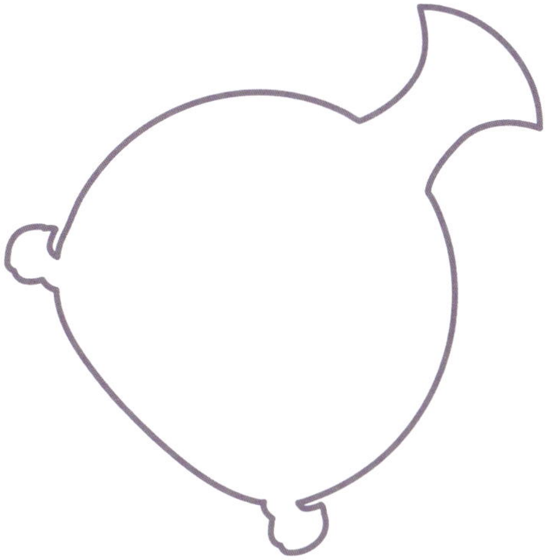

青花（青花瓷）
素胚勾勒出青花，
入窑一千三百度。
（玲珑瓷）玲珑
浮梁巧烧瓷，
颜色比琼玖。
粉彩（粉彩瓷）
秀丽雅致，
粉润柔和。
（色釉瓷）颜色釉
面晶莹，绚丽多彩，
色泽经久不变。

JING DE ZHEN
JING DE ZHEN
JING DE ZHEN
JING DE ZHEN
瓷都文化
瓷名天下
振兴中华
WELCOME EVERYONE TO VISIT.
A BETTER
LIFE IS WAITING FOR YOU
瓷都文化
瓷名天下
振兴中华
WELCOME EVERYONE TO VISIT.
A BETTER
LIFE IS WAITING FOR YOU
瓷都文化
瓷名天下
振兴中华
WELCOME EVERYONE TO VISIT.
A BETTER
LIFE IS WAITING FOR YOU
瓷都文化
瓷名天下
振兴中华
WELCOME EVERYONE TO VISIT.
A BETTER
LIFE IS WAITING FOR YOU

JINGDEZHEN
景德镇
你可知你的名字叫 china

瓷都行
背上行囊
奔赴瓷都
JINGDEZHEN
罗家机场
景德镇火车站
景德镇汽车南站

瓷都游
北看故宫
南观古窑
JINGDEZHEN
三宝陶艺村
昌南湖
雕塑瓷厂
中国陶瓷博物馆

瓷都名吃
行走瓷都
品尝美食
JINGDEZHEN
昌南冷粉
饺子粑
瓷泥煨鸡
鲶鱼煮豆冲

景德镇
CHINA
千古瓷都

CHINA

stamp

景德镇

22 August
17:30pm
成人票
CHINA

CHINA

瓷都
CHINA

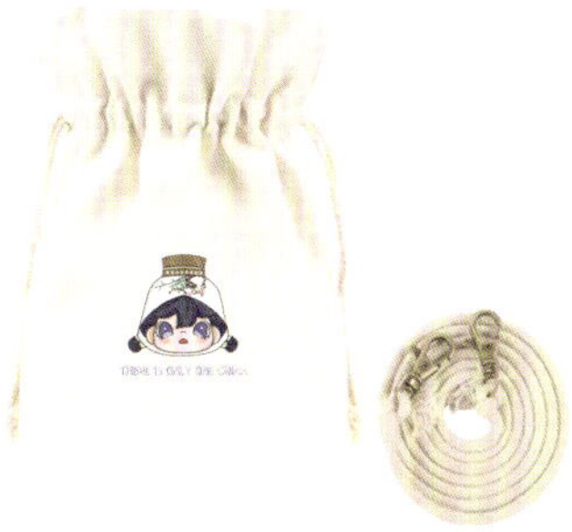

JING DE ZHEN
JING DE ZHEN

西河湾沙滩公园 / 江西省最大的沙滩公园，集生态、游憩、观赏于一体。

景德镇中国陶瓷博物馆 / 国内第一家大型陶瓷专题艺术博物馆，收藏着新石器时代以来景德镇各个不同历史时期生产的名品佳作。

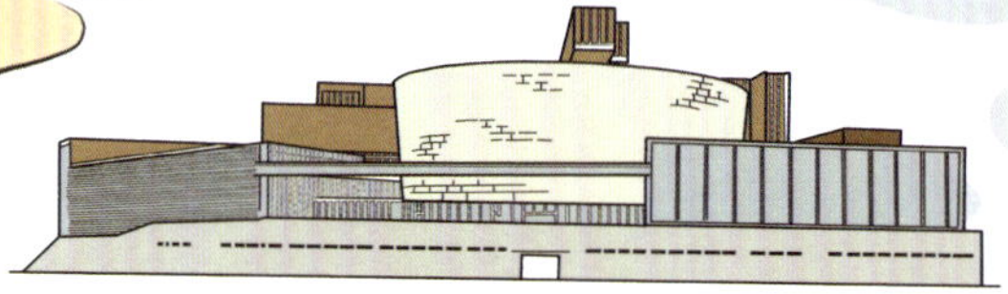

昌南湖湿地公园 / 总占地面积 1000 余亩，形成“一湖三岛”“双带”“双环”为景观的大型湿地公园。

古窑民俗博览区 / 集文化博览、陶瓷体验、娱乐休闲于一体的文化旅游景区，是全国唯一一家以陶瓷文化为主题的国家级旅游景区。

御窑厂 / 为供应宫廷所需瓷器而设的机构。御窑厂在瓷器发展史上占有特殊的重要地位。

浮梁古县衙 / 位于江西景德镇浮梁县旧城村，始建于唐朝元和十一年（公元 816 年），是江南唯一保存较完整的清代县衙，也是全国仅存的几处古县衙之一。

雕塑瓷厂 / 建于 1956 年，错落有致的厂房，古色古香的徽派建筑，墙上保留着各个时代的标语，历史与现实、工业与艺术交融。

景德镇陶瓷大学 / 全球唯一一所名称以“陶瓷”为标志，学科以“陶瓷”为主轴，人才培养层次包括本硕博的多科性大学。

陶溪川 / 集文化创意、购物、休闲、餐饮、娱乐等多种综合功能于一体的大型城市综合体。

三宝陶艺村 / 以田园生态的生活化、立体的博物馆形式吸引着世界各国的艺术家来此交流。

大禹治水·山海有灵

作　者／杜　多
指导老师／殷　实　徐丽蓉　翟有恒

将《山海经》中大禹治水的故事融入中国邮政文创设计，非遗文创与中国邮政结合，大禹治水与山海经结合，可以让多个年龄段的人去了解和喜欢我国的非遗文化。通过推出一批时尚美观、受众广泛、内涵丰富、具有地方重要文化标识的文创产品，彰显和提升绍兴非遗文化产业，从而推动浙江绍兴非遗文化创意产业高质量发展。利用浙江绍兴“大禹陵”大禹治水的故事，设计出体现绍兴特色非遗项目内涵，蕴含绍兴各类文物、古迹遗址、历史文化名人等元素内涵的创意产品。

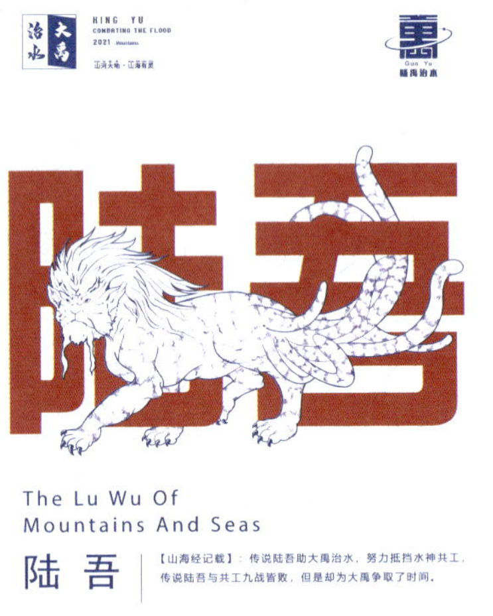
陆吾
The Lu Wu Of
Mountains And Seas
陆 吾
【山海经记载】：传说陆吾助大禹治水，努力抵挡水神共工，传说陆吾与共工九战皆败，但是却为大禹争取了时间。

The Xuan Gui Of
Mountains And Seas
旋 龟
【山海经记载】：在上古时期，发生了一场大洪水，为了治水大禹就请了应龙和旋龟来帮忙，应龙和旋龟就有明确的分工，应龙用自己的尾巴在地上画出来沟渠，而旋龟则是背着息壤，跟随大禹到各处去。

应龙
The Ying Long Of
Mountains And Seas
应 龙
【山海经记载】：在上古时期，发生了一场大洪水，为了治水大禹就请了应龙和旋龟来帮忙，应龙和旋龟就有明确的分工，应龙用自己的尾巴在地上画出来沟渠，而旋龟则是背着息壤，跟随大禹到各处去。

大禹
治
水
大 禹
大禹治水(鲧禹治水)是古代的汉族神话传说故事，著名的上古大洪水传说。他是黄帝的后代，三皇五帝时期，黄河泛滥，鲧、禹父子二人受命于尧、舜二帝，任崇伯和夏伯，负责治水。

旋龟
【山海经记载】：在上古时期，发生了一场大洪水，为了治水大禹就请了应龙和旋龟来帮忙，应龙和旋龟就有明确的分工，应龙用自己的尾巴在地上画出来沟渠，而旋龟则是背着息壤，跟随大禹到各处去。
【山海经记载】：传说陆吾助大禹治水，努力抵挡水神共工，传说陆吾与共工九战皆败，但是却为大禹争取了时间。
陆吾
應龍
【山海经记载】 在上古时期，发生了一场大洪水，为了治水大禹就请了应龙和旋龟来帮忙，应龙和旋龟就有明确的分工，应龙用自己的尾巴在地上画出来沟渠，而旋龟则是背着息壤，跟随大禹到各处去。
山海·有靈
中国邮政
治水
率领民众，与自然灾害中的洪水斗争，最终获得了胜利。面对滔滔洪水，大禹从鲧治水的失败中汲取教训，改变了"堵"的办法，对洪水进行疏导，体现出他具有带领人民战胜困难的聪明才智；
大禹治水在中华文明发展史上起重要作用。在治水过程中，大禹依靠艰苦奋斗、因势利导、科学治水、以人为本的理念，克服重重困难，终于取得了治水的成功。
大禹
禹陵
大禹是上古时代一位治水英雄，中国第一个王朝，夏朝的开国之君，被后人尊为"立国之祖"。明太祖洪武年间，大禹陵即被钦定为全国该祭的36座王陵之一。

中国邮政
大禹
治水
King Yu combating the flood

中国邮政
中国
绍兴
King Yu combating the flood

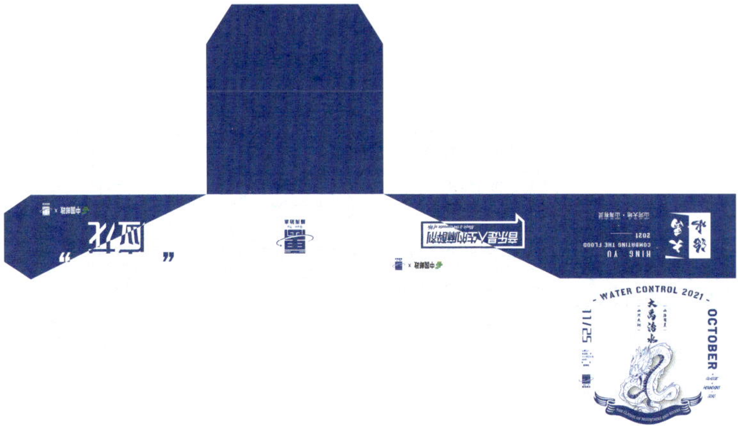
WATER CONTROL 2021
OCTOBER
11/25

大
禹
治
水
THE CLASSIC OF MOUNTAINS AND RIVERS
中国邮政 ×

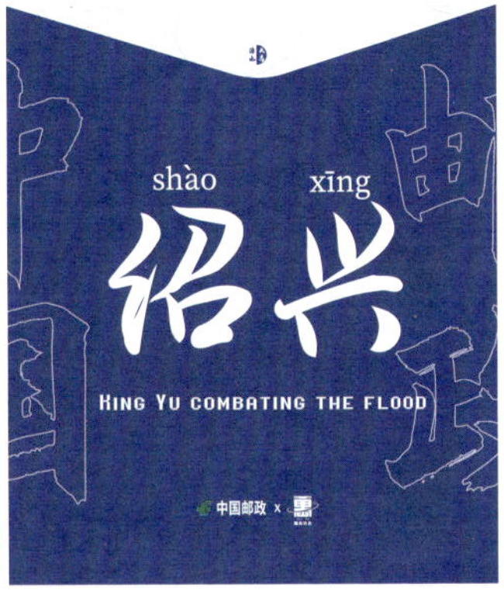
shào xīng
绍兴
KING YU COMBATING THE FLOOD
中国邮政 ×

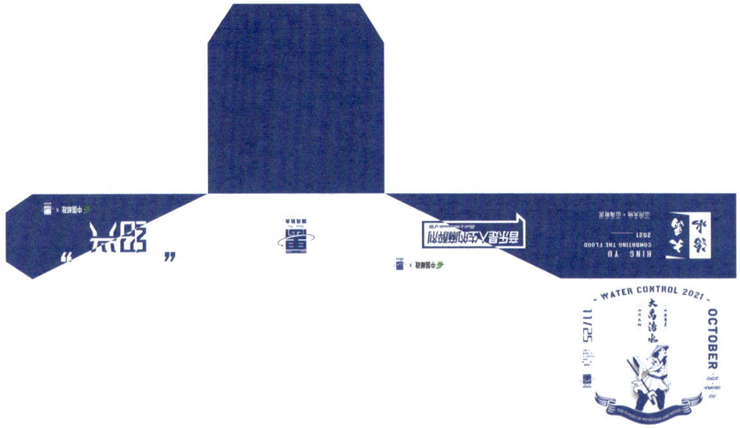
WATER CONTROL 2021
OCTOBER
11/25

山海有灵
大禹治水
山河大地

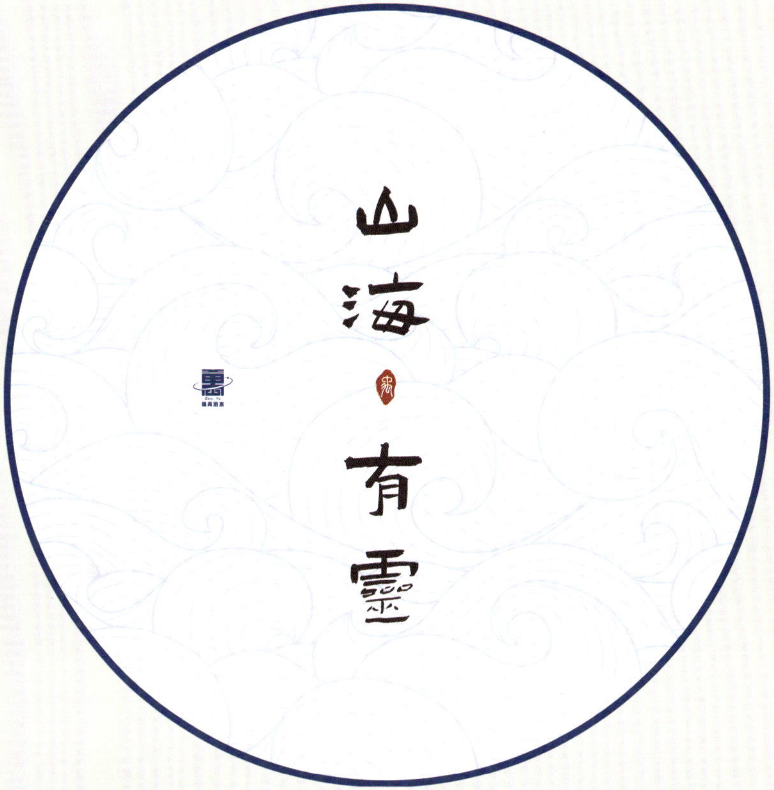
山海有靈

山海 有靈
大禹
中国
绍兴
大禹治水
大禹
大禹治水
King Yu combating the flood

大禹治水
大禹
中国邮政

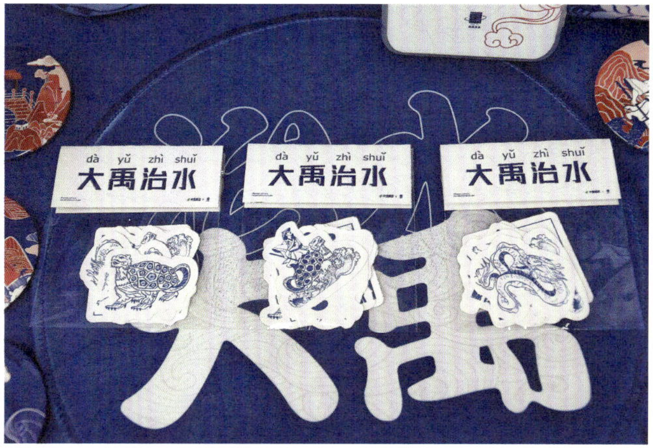
dà yǔ zhì shuǐ
大禹治水
dà yǔ zhì shuǐ
大禹治水
dà yǔ zhì shuǐ
大禹治水
大禹

WATER CONTROL 2021
OCTOBER

指尖冲浪
KING YU
COMBATING THE FLOOD
山海有灵

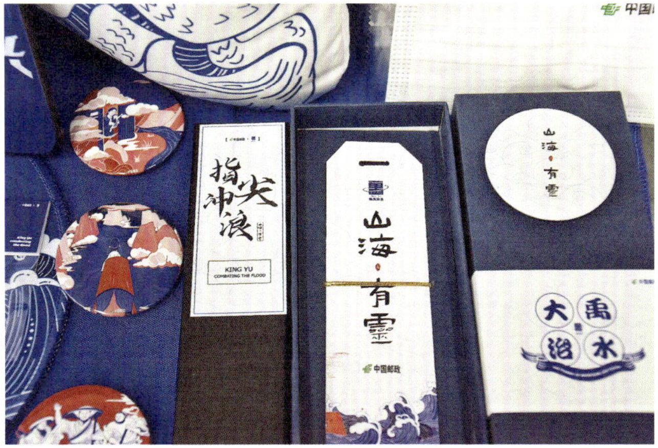
指尖冲浪
KING YU
COMBATING THE FLOOD
山海有靈
中国邮政
山海有靈
大禹治水

中国邮政
大禹治水
山海有灵
山河大地
山海

西藏传统纹样的传承和再创

作　　者 / 刘宜坤
指导老师 / 徐丽蓉　翟有恒　殷　实

西藏传统纹样作为传统文化的重要组成部分，一直贯穿于藏族人民生活的始终，反映了不同时期的风俗习惯，是我国历史中灿烂而宝贵的文化遗产。但是如果不能好好利用，珍贵的传统文化遗产很可能会逐渐消逝。只有将古老的形式与现代艺术形式完美结合，才能使前者具有生命力和不断延续的活力。因此，在针对中国传统纹样的研究上，美学形式的归纳和整理是基础，色彩搭配的流行方案是载体，与现代文化的完美结合是结果。

设计方案：提取西藏壁画、服饰里的纹样，与吉祥八宝相结合，加入现代高饱和度的颜色，运用不同的材质，冲破原有纹样的束缚，有一种未来主义的感受。

Inheritance
pattern

Inheritance
pattern

Inheritance
pattern

西藏传统纹样再创
Recreation of Tibetan traditional patterns
创新融合
传承纹样
Recreation of Tibetan traditional patterns

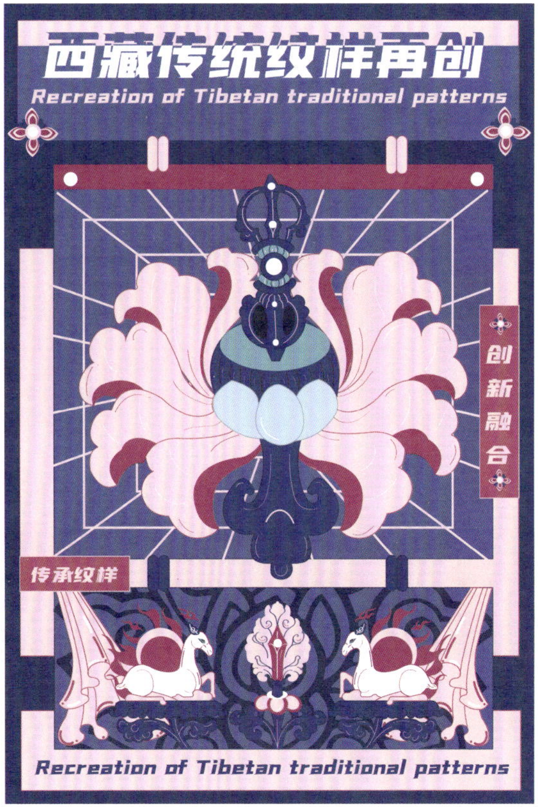
西藏传统纹样再创
Recreation of Tibetan traditional patterns
创新融合
传承纹样
Recreation of Tibetan traditional patterns

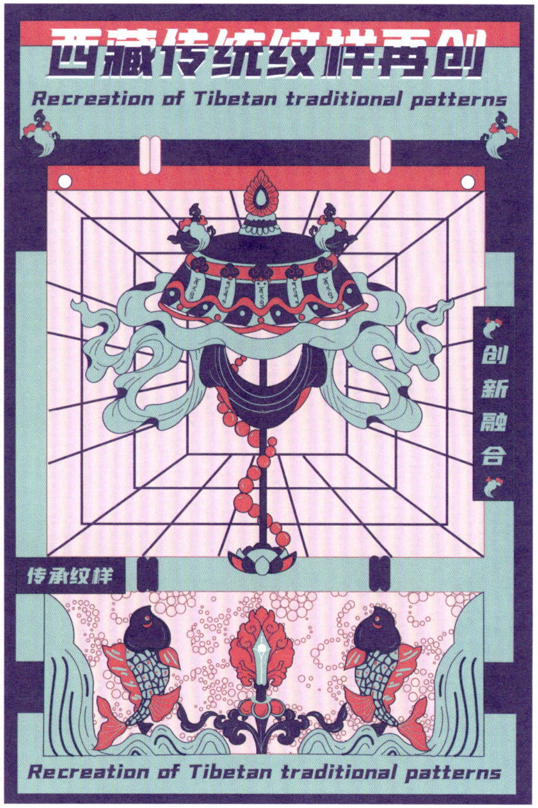
西藏传统纹样再创
Recreation of Tibetan traditional patterns
创新融合
传承纹样
Recreation of Tibetan traditional patterns

西藏传统纹样再创
莲花
莲花是神灵端坐或站立的宝座代表着纯净和佛法的神圣
出淤泥而不染的莲花是佛教中经常出现的图案
西藏传统纹样再创
宝瓶
宝瓶代表福智圆满，永生不死，也是某些财神的象征
宝瓶在藏族佛教中被画成极其华丽的金瓶，其各个部位画有莲花瓣
西藏传统纹样再创
宝伞
宝伞由于撑在头上，象征荣誉和尊崇，也代表着权利至高无上的宗教权威
宝伞是藏传佛教寺院中最常见的一种象征物和保护伞

西藏传统纹样再创

西藏传统纹样再创

西藏传统纹样再创

西藏
传统
纹样再创

西藏
传统
纹样再创

西藏
传统
纹样再创

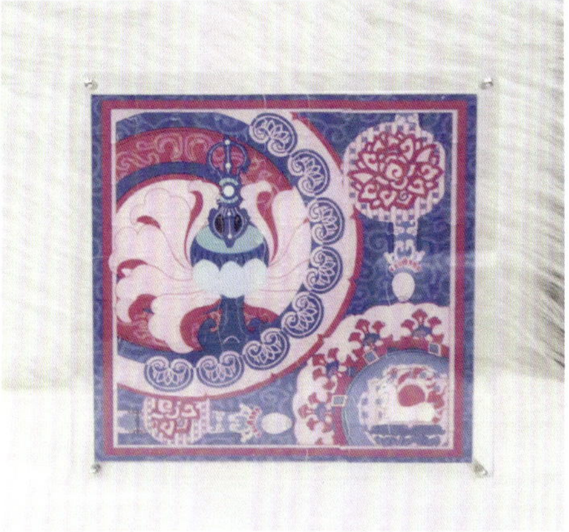

原来「邮」你

作　　者／胡亚亭

指导老师／朱卫兵　沈瑞月　黄　嫣

本设计选定绍兴、开封、济宁三个城市进行文创设计和衍生品设计，目的是唤起大家对文化古都、历史名城的记忆，让大家去感受和探寻这些富有文化韵味的城市。

设计内容：

1. 地点选定文化古都、历史名城进行邮票设计。

2. 设计内容围绕“文化”“建筑”“场景”“景点”进行创作。

3. 每个城市以 3 张邮票为一套的形式进行呈现。

4. 衍生品设计方向以生活用品、服饰搭配为主，突出实用性与美观性。

设计理念：

1. 唤起大家对历史文化名城的记忆与关注。

2. 展现历史名城的城市风貌。

3. 展现历史名城深厚的文化底蕴。

4. 展现中国城市巨大的力量和无限的价值。

人民邮政

大越

开封

绍兴

济宁

开封：简称“汴”，《清明上河图》原型，古称仪邑、老丘、大梁、启封、陈留、浚仪、汴州、梁州、东京、汴京、汴梁等。

绍兴：有“东方威尼斯”“文物之邦、鱼米之乡”之称，绍兴的古称为会稽、大越、山阴、越州。

济宁：济宁是东夷文化、华夏文明、儒家文化、水浒文化、运河文化的重要发祥地之一。济宁的古称为济州、任国、任城，有“孔孟之乡”的美誉。

人民司政
济 州

人民邮政
会稽

人民邮政
任国

人民邮政
大越

人民邮政
山阴

人民邮政

汴京

人民邮政
会稽

人民邮政
山阴

人民邮政
会稽

人民邮政

济宁

无隐私时代

作　　者／*屈　艺*

指导老师／*沈瑞月　朱卫兵　黄　嫣*

现在的人们在不知不觉中被动地暴露隐私，这种现状我们无法改变。生活中到处都是摄像头，我们的所作所为都在众目睽睽之下，这是保证我们安全的需要，无可厚非，只是我们在任何公共场所都需要注意保护自己的隐私安全。

该作品的整体设计以“探讨科技与隐私的关系”为概念，表现越来越多的隐私安全问题层出不穷。如何看待迅速发展的信息技术与越来越“透明化”的隐私之间的问题，是本设计想要引发人们探讨的重点。

整体设计以“探讨科技与隐私的关系”展开，大数据时代在捆绑着我们，该如何保护自己的隐私呢？

捍卫隐私
层层加密对抗
设密
SET SECRET
加密
ENCRYPTION

窥探之眼
家庭摄像头
HOME CAMERA
你的生活可能被暴露了
人脸识别系统
FACE RECOGNITION
100%

透明世界
聒噪
世界变得透明
我们的信息被二维码所记载
TRANS-
PARENT
WORLD

隐私保护局
SECRET PROTECTION

窥探之眼

NO!

NO!
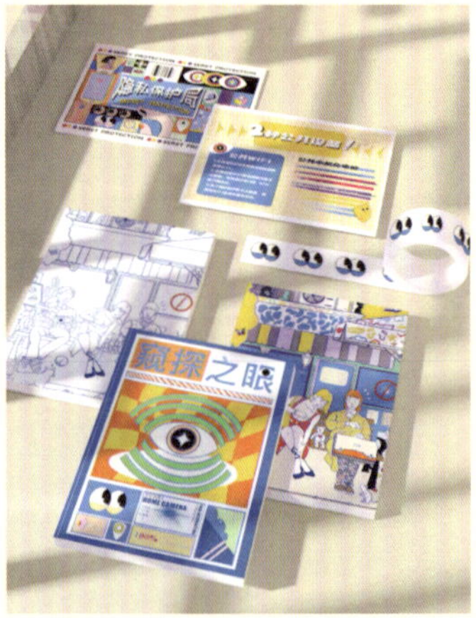
窥探之眼
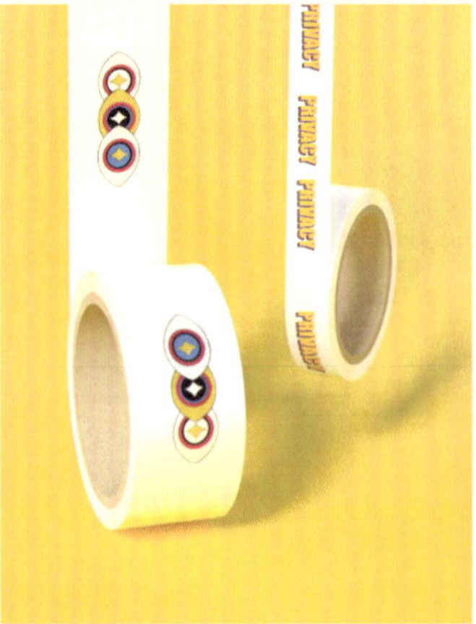

COFFELATTE.
CAPPUCCINO
ESPRESSO

桃之夭夭

作　　者 / 李晓燕
指导老师 / 沈瑞月　朱卫兵　黄　嫣

无锡阳山桃花源景区围绕核心产品阳山水蜜桃，以及周边的桃文化博览园、民宿、书院、麒麟湾、安阳山等景点，把阳山打造成了一个“春花、夏绿、秋桃、冬浴”四季乐旅的养身乐园，一个“一年四季皆风景，山环水绕桃花源”的特色生态、休闲、旅游、文化地区。本设计主要包括景区标志设计、产品包装设计、文创产品设计等。

标志规范

(浅蓝色)	C: 43%	M: 9%	Y: 10%	K: 0%
(土黄色)	C: 31%	M: 38%	Y: 62%	K: 0%
(浅粉色)	C: 16%	M: 34%	Y: 23%	K: 0%
	C: 4%	M: 6%	Y: 13%	K: 0%

桃之夭夭

桃之夭夭

义行人民宿VI设计

作　　者 / 李　凯

指导老师 / 沈瑞月　朱卫兵　黄　嫣

义工旅行、打工换宿都是一个意思，在平等交换的基础上，你提供劳动力，店家提供食宿，原则上你只需要买好一张车票就可以开启一段有意义的旅行。

义工旅行，这一概念起源于欧美国家，在国外是一种相当流行的、有意义的、新颖的旅行方式，已经发展得非常成熟了。在国内，义工旅行正处于起步阶段，是一种新兴的旅游形式。未来，随着规模不断扩大，服务内容更加多元化，相信义工旅行也会逐渐朝着法制化、全民化方向发展。

义行人
YIXINGREN

人、屋顶

太阳、峰峦
义行人

辅助图形

义行人
502

Zzz...
请勿打扰
Clean
请即打扫

义行人

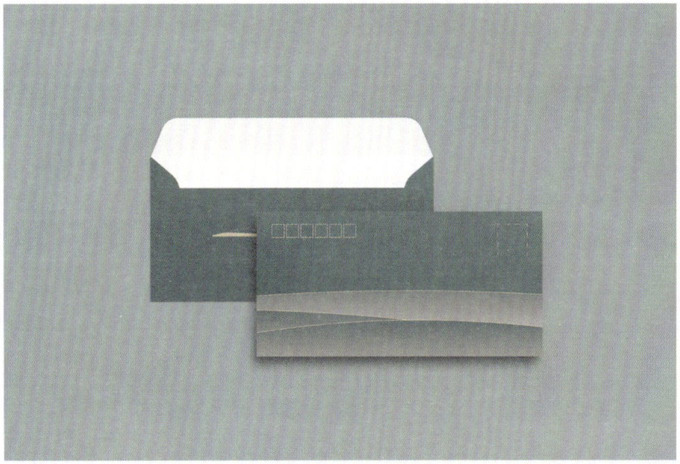

义行人

桃花源

春来遍是桃花水，
不辨仙源何处寻。

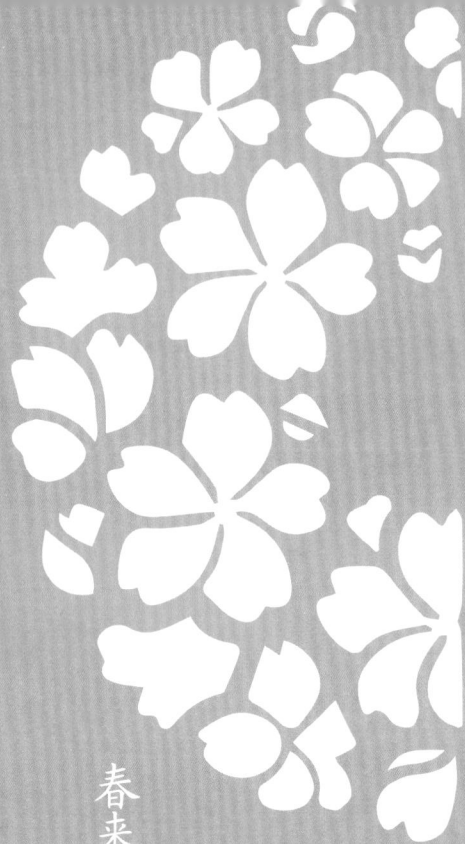

作　　者 / 舒　航
指导老师 / 沈瑞月　朱卫兵

阳山，古称安阳山。因周武王封周章少子于无锡为安阳侯，卒葬此山而得名，距江南旅游名城无锡市 15 千米，新长铁路、锡宜高速公路横穿境内。位于境内的四座山丘雄伟壮观，林壑优美。阳山以万亩桃花、亿年古火山、千年古刹著称于世。置身山间，风景乡情交融，古意今韵并美，山歌渔声同酣，实堪“江南一绝”之誉。阳山现为太湖旅游风景线的重要景区，兼有火山迹地游、名胜古迹游、民俗风情游、生态农业游等多种旅游项目。阳山生态桃源景区被列入“无锡旅游发展三年行动纲要”。

本设计以江苏无锡阳山桃花源景区为背景，设计 VI、海报、IP 形象，并制作相关文创产品。设计理念以阳山当地特色为出发点，以传统文化为核心，融入桃花、桃子等元素，并参考中国传统纹样与书法元素进行设计。

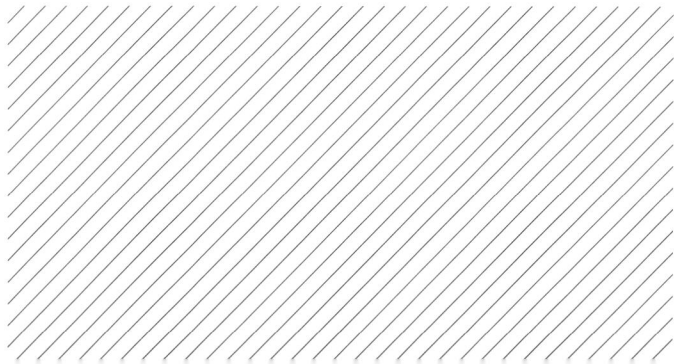

TAOHUAYUAN BEAUTY SPOT

TAOHUAYUAN BEAUTY SPOT

TAOHUAYUAN BEAUTY SPOT

TAOHUAYUAN BEAUTY SPOT

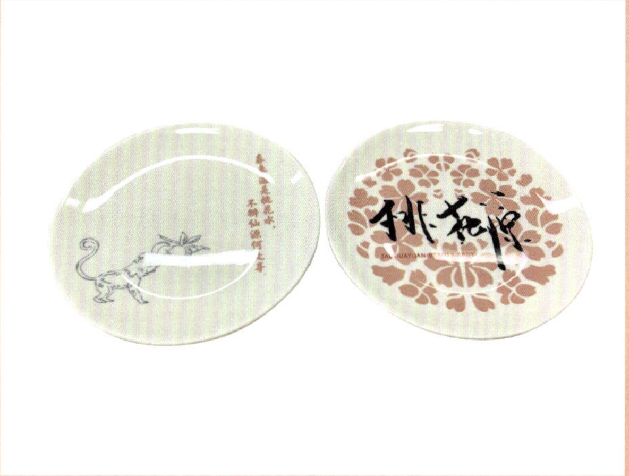

春来遍是桃花水，
不辨仙源何处寻
TAOHUAYUAN BEAUTY SPOT

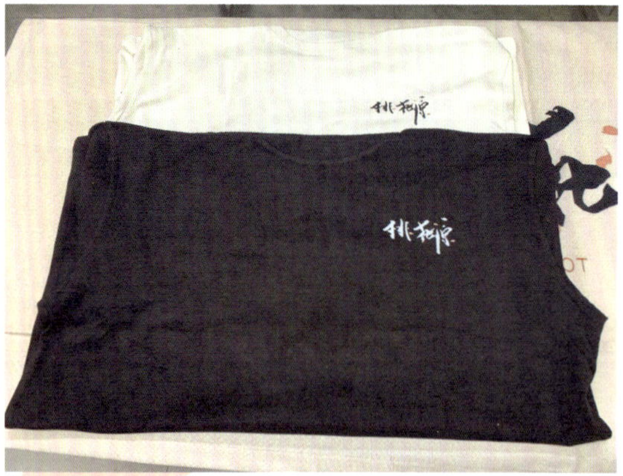

TAOHUAYUAN BEAUTY SPOT

TAOHUAYUAN BEAUTY SPOT

每日周末

作　　者 / *杨　佳*

指导老师 / *沈瑞月　朱卫兵　黄　嫣*

当下这个时代，网络词汇被人们广泛使用。其中，“内卷”一词，很大程度上使许多人陷入焦虑和痛苦之中。

本设计选取当下网络流行语句，结合植物元素创作插图，通过与产品的碰撞，表达对生活的态度，传达美好、放松的状态。表现形式主要包括海报、插画、动效、IP 形象等。周边产品包括花卉盆栽、服饰、生活用品等。

is a day
of relaxation
躺平
每日周末

香龙血树
天门冬科
龙血树属常绿乔木状
就挺木然的
每日周末

Every day is a day of relaxation
我颓废了
我抑郁了
Every day is a day of relaxation
我emo了
每日周末

每日周末
Every day
is a day
of relaxation

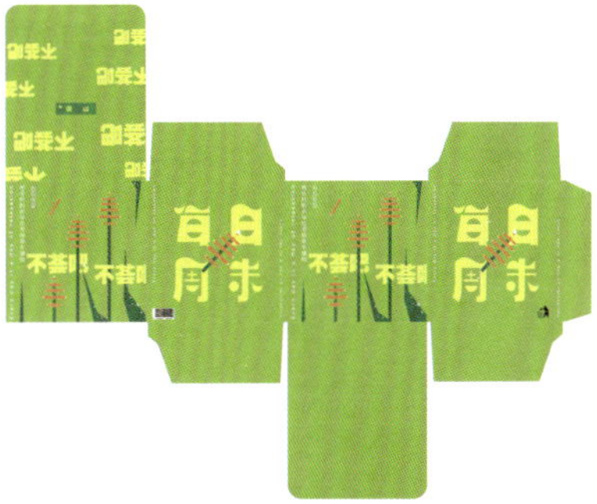

Every day is a day of relaxation
Every day is a day of relaxation
YYDS
永远的神

Every day is a day of relaxation
Every day is a day of relaxation
佛系青年

每日周末

Every day is a day of relaxation
Every day is a day of relaxation
不荟吧 不荟吧
每日周末

Every day is a day of relaxation
Stay up late champion.
在手机里煲粥
把黑夜放
熬夜冠军

每日周末

不荟吧 不荟吧

Every day is a day of relaxation
Close friend
塑料花集美
每日星周末

Every day is a day of relax
Every day is a day of rela
芸香科
停止椒绿
每日周末

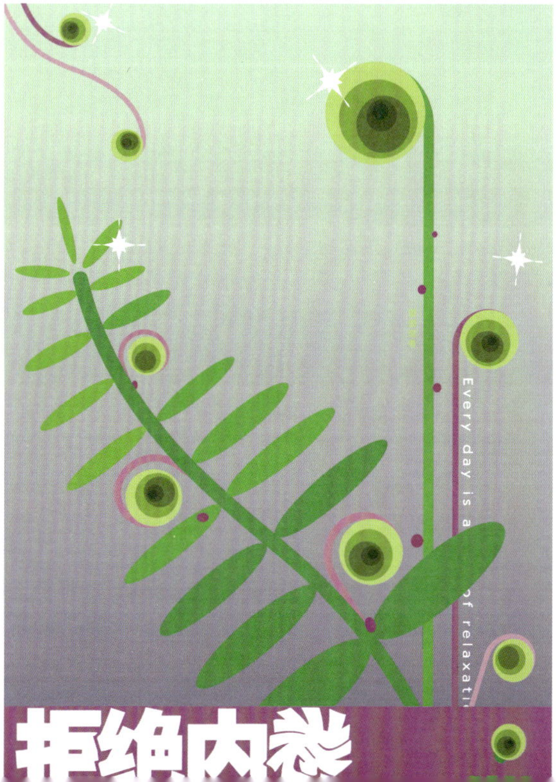
Every day is a of relaxati

Every day is a day of relaxation
Every day is a day of relaxation
十级压力不在话下

每日周末

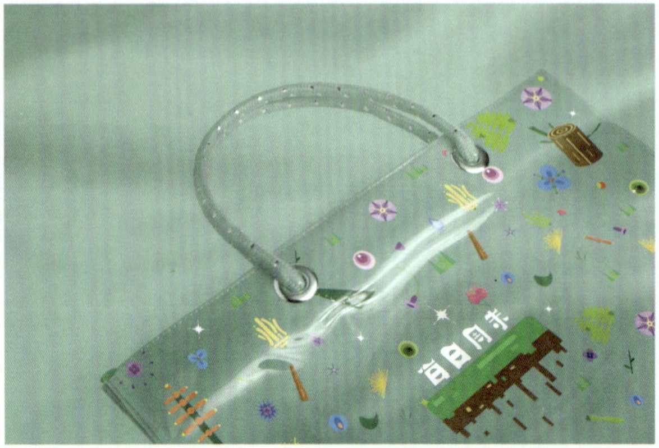

熬夜冠军

戏品茶味

生角

SHENGJUE

生角，戏曲主要角色行当之一，扮演男子，有老生、小生、武生等区别。

旦角

DANJUE

旦角是指戏曲中的女性形象，可分为青衣、花旦、刀马旦、老旦等类别。其中京剧旦角著名的四大流派为梅派、程派、荀派、尚派。

净角

JINGJUE

净角是中国戏曲表演主要行当之一，俗称“花脸”。以面部化妆运用图案化的脸谱为标志，音色洪亮宽阔，演唱风格粗犷浑厚，顿挫鲜明。根据净角所扮演的人物身份、性格及其艺术、技术特点，又分大花脸、二花脸和武花脸。

丑角

CHOUJUE

丑角是中国戏曲一种程序化的角色行当。一般扮演插科打诨、比较滑稽的角色，分为文丑和武丑。文丑以做工为主，武丑以武打为主。

末角

MOJUE

传统戏曲角色行当，扮演中年男性。宋杂剧中已有出现，明清戏曲都有这行角色。近代有些剧种如京剧，末角已归入老生一类。

作　　者 / 赖钰婵

指导老师 / 金　澜　路玲娟　孙晓晨

本设计以闽南歌仔戏人物为元素，对闽南名茶进行包装设计。加上闽南话 ai bia 即打拼的意思，也有“ai bia jia ei yang（爱拼才会赢）”的俗语。闽南茶叶铁观音是中国传统十大名茶之一。在其经典包装基础上进行改良设计，不失传统样式又有新的意义色彩。与地方传统戏剧结合，赋予了喜庆而又努力拼搏，追求美好生活的寓意。也希望通过运用歌仔戏人物形象元素来进行包装设计，让更多的人认识到闽南文化的博大精深，给人带来愉悦的心情。同时，在包装中运用环保理念，使闽南文化地域特色能够更好地传承和推广。

● 标志标准组合比例

A：1mm

A：代表一个单位格比例尺寸的数值单位

● 标志说明

该标志采用手写的方式，风格大气，便于记忆。标志的整体是依次向右，采用行书书写，给人一种稳重和成熟的态度。该品牌标志将戏曲与茶叶结合，在具体设计中，造型、笔墨、肌理、构成，成为艺术标志创作的重要元素，可以形象地传达字意与语义，使思想情感通过书法艺术得以快速传达，使具有中国特色的设计走向世界，表现出标志语言的魅力。

● 标志辅助色彩

#000000

#b21e23

C: 93%　M: 88%　Y: 89%　K: 80%

R: 0　G: 0　B: 0

C: 33%　M: 100%　Y: 100%　K: 1%

R: 178　G: 30　B: 35

● 品牌常用中文和英文文字

原创手写

● 标志反白稿

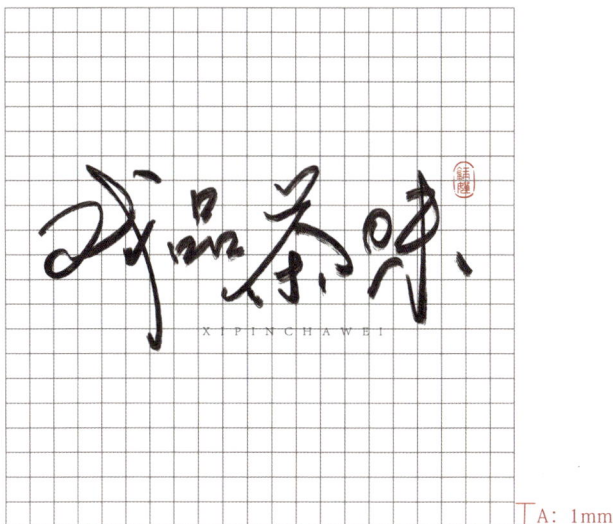

生
旦
净
末
丑

戏品茶味
XIPINCHAWEI
小曲如泉水潺潺，
娇儿台下醉似酣。

戏品茶味
XIPINCHAWEI
爱极真欲捧回家，
歌罢余音三绕梁。

戏品茶味
XIPINCHAWEI

戏品茶味
XIPINCHAWEI
仔鱼闻声喜且狂，
戏里戏外俱欢畅。

戏品茶味
XIPINCHAWEI

戏品茶味

愛
bia
甲
誒
吖
ai
bia jia
ei ya
Love the pie
and win
戏品茶味

戏品茶味
戏品茶味

戏品茶味
戏品茶味

戏品茶味
XIPINCHAWEI
戏品茶味

戏品茶味
The play tea flavor

戏品茶味

戏品茶味

戏品茶味

戏品茶味

戏品茶味

戏品茶味

戏品茶味

戏品茶味

戏品茶味

戏品茶味
新年快乐

戏品茶味

戏品茶味

上海工艺美术职业学院产品设计专业毕业品牌文创产品设计案例集

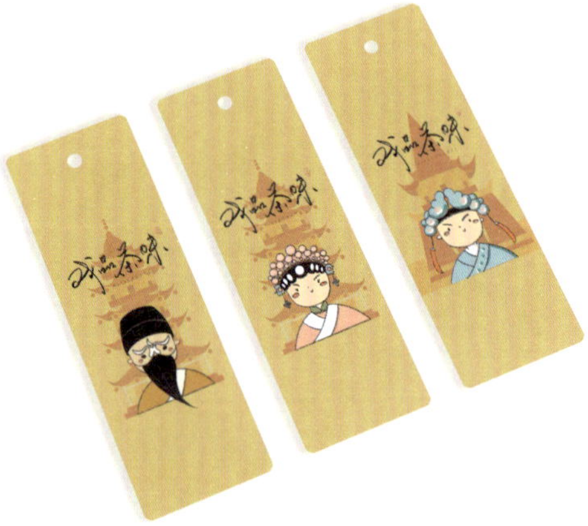

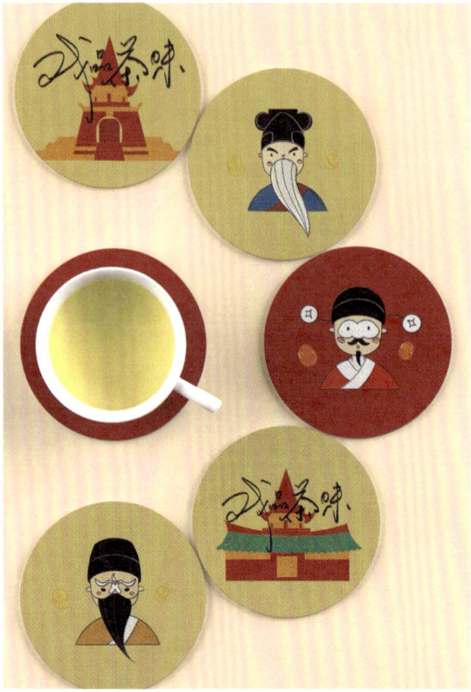

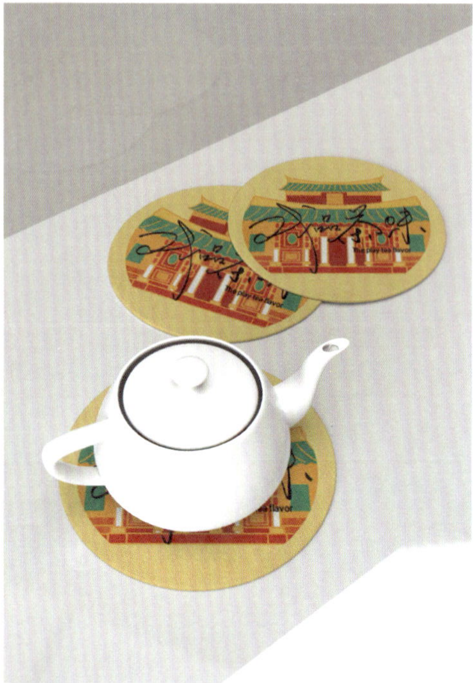

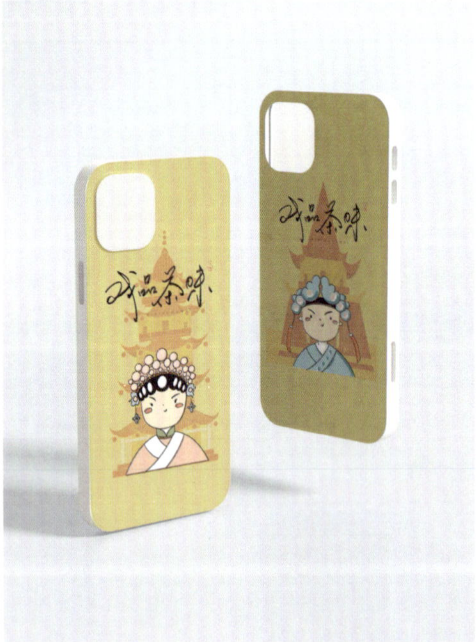

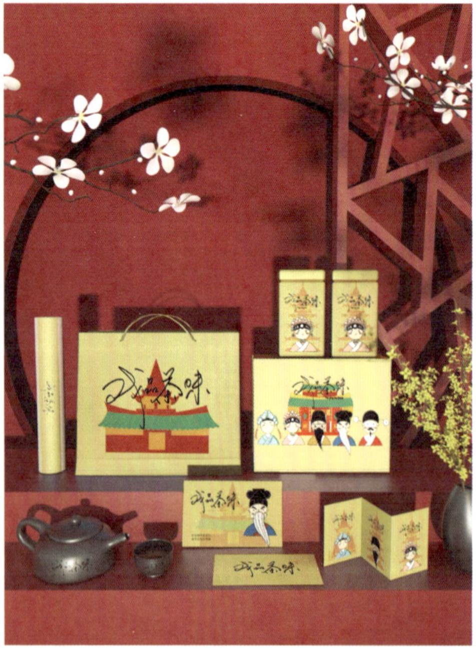

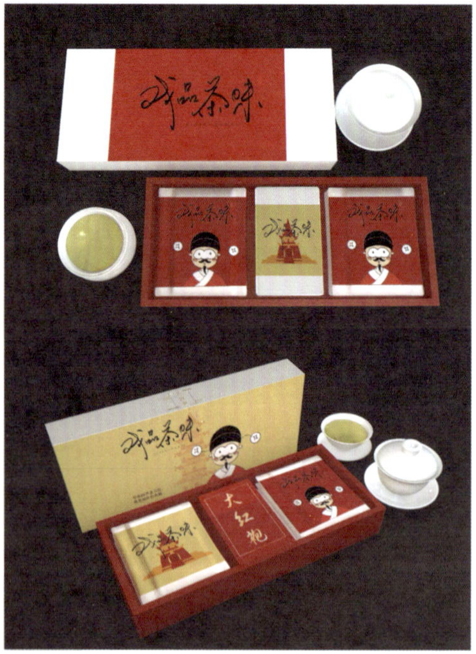

戏品茶味
2022

护神梦境

有一天，我做了一个很长的梦……

作　　者／*李婉榕*

指导老师／*金　澜　孙晓晨　路玲娟*

作品形象是根据西藏跳神仪式中的护法神面具的面容表情及配色而设计出来的，用夸张的配色笔触表现藏族文化。藏族文化本身给人的第一印象就是色彩艳丽，画面更显活泼和节奏感，有着浓郁的地域特色和视觉冲击，所以结合起来，画出了我心中所理解的地域形象，同时也是我献给西藏的情书。

西藏跳神仪式的寓意是“驱一年之邪，祈来年之福”。护法神形象色彩鲜明，面相凶神恶煞，将护法神形象稍微改善，并加上小孩子的陪伴，让它们显得没有想象的那么凶恶，更加平易近人。

上海工艺美术职业学院产品设计专业作品暨艺创产品设计案例集

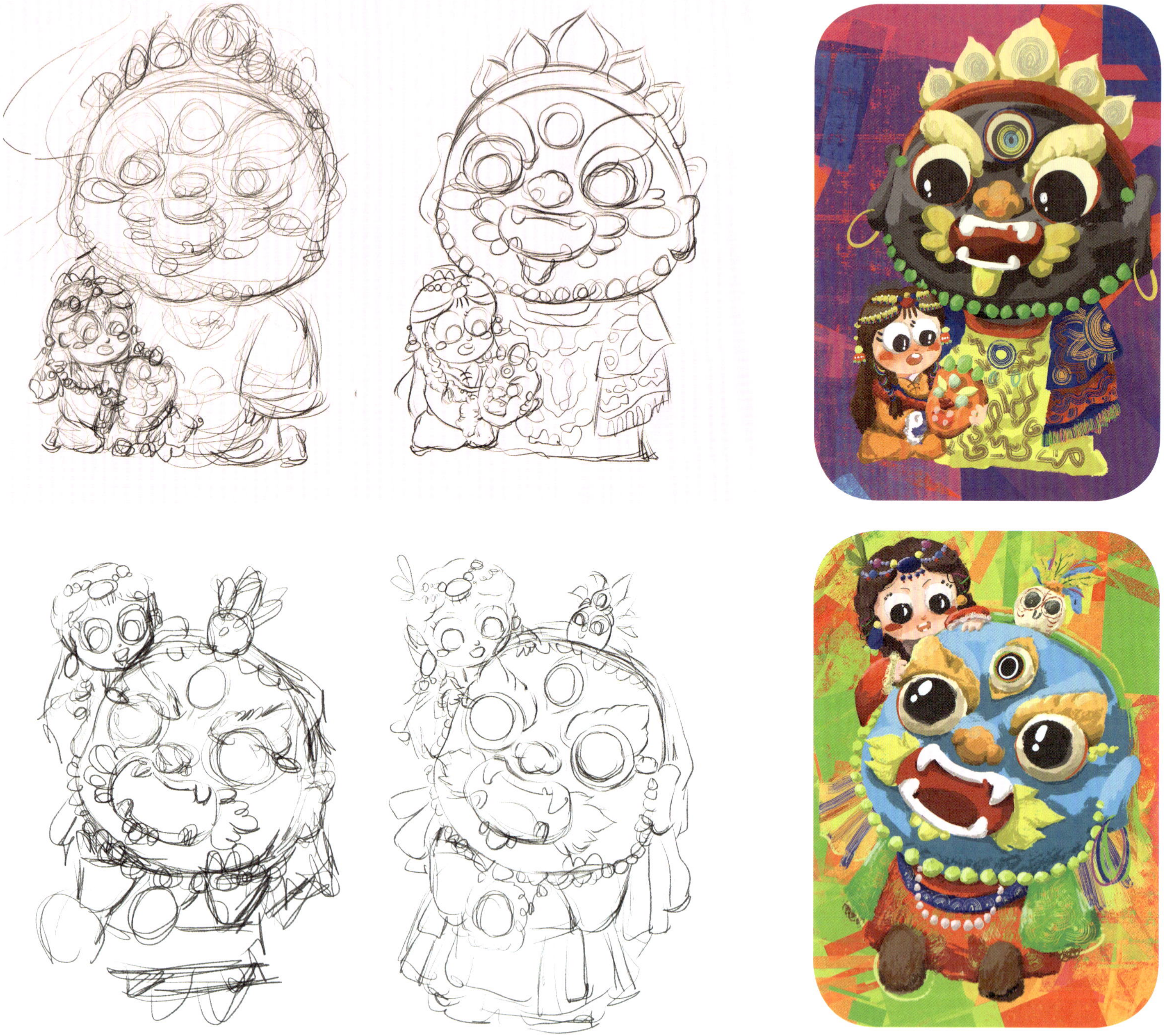

画给西藏的情书

走进神的梦境

……

护神
梦境
画给西藏的情书
走进神的梦境

护神
梦境
画给西藏的情书
走进神的梦境

护神
梦境
画给西藏的情书
走进神的梦境

护神梦境
写给西藏的情书
走进神的梦境

走进神的梦境

TANG
TANG

绘本围绕我和护法神的故事展开。

我心中一直对护法神有一种特殊的情感，
是以小朋友的视觉角度来表达，
将自己代入小朋友的视角，
这些面具和羌姆都没有现实中那么凶神恶煞。

相反，
在小朋友眼里，它们的外貌很可爱、亲切、漂亮、颜色鲜艳，
它们除了是西藏当地的一种特色文化、一个护法神，
也是当地小朋友心里那个可以驱散恶魔，带来平安、幸福、吉祥的保护神。
虽然在平时不会经常见到它们和自己互动，
但是在梦境中，
可以和他们心中的英雄零距离、亲切地在一起，
于是，就有了现在的名字，
护神梦境……

护神梦境
走进神的梦境

我来到了神的梦境
顺着光

看!!!
这是个神奇的树洞
可以看到不同的我
和不同的你!!!

"顺着这条路
往前走
它在等你…"

当你梦醒后
我依然一直在你身边
做你的护法神
保护你！

我当然能感觉到你
在以不同形式
陪伴我啦
这就是我的
护神梦境啦！

项王

项王故里

作　　者/*夏紫妍*
指导老师/*金　澜　孙晓晨　路玲娟*

项王故里是江苏省宿迁市的著名文化旅游景点，里面展示了项羽的一生。项羽是我们都知道的一个人物，他有着传奇的一生，也有着令人感动的爱情故事。作为家乡的文化名人，我希望有更多的人能够知道他。我以卡通与京剧形象相结合的方式展示了一种新的项羽形象。卡通形象能让更多的人喜欢和接受，而京剧形象也有其自身独特之处，能够更好地展示项羽的形象，也画出了故里的样子，提示着项王故里是项羽的家乡。

项王故里
副券
开放时间:
每天: 8: 30—17: 30
凭此券入场 每人一张

项王故里

黄酒IP设计

作　者 / 郑　洁
指导老师 / 金　澜　孙晓晨　路玲娟

“琴、棋、书、画、诗、酒、花、茶”被中国古代文人誉为八大雅事。说到酒，就不得不提黄酒，其中，以绍兴黄酒最为出名。绍兴黄酒为世界三大古酒之一，为中国独有，独树一帜。黄酒产地较广，品种众多，但被中国酿酒界公认的、在国内国际市场最受欢迎的、能够代表中国黄酒特色的，首推绍兴黄酒。绍兴黄酒的历史可以回溯到春秋时期。在古代就有“越酒行天下”的说法。1989 年，绍兴酒中的加饭酒被定为国宴酒。

绍兴黄酒主要呈琥珀色，透明澄澈，使人赏心悦目。这种透明琥珀色主要来自原料米和小麦本身的自然色素，并加入了适量糖色。

2006 年 5 月 20 日，绍兴黄酒酿制技艺经国务院批准列入第一批国家级非物质文化遗产名录。

IP.黄酒制作

黄小九 / 在家里排行第九，所以叫作小九，性格活泼开朗。小仙女非常喜欢喝绍兴黄酒，经常偷偷下凡到人间，与当地人一起喝酒（因为太喜欢喝酒了，小九的酒量越来越大，时不时就会和当地村民比赛喝酒）。因为小仙女喜欢喝黄酒，她的头饰是酿制黄酒用的糯米，脸蛋肉嘟嘟的，打破人们以往对于仙女优雅端庄形象的印象。

壶壶 / 小九的伙伴，是一只圆滚滚的小狗，非常喜欢小九，经常被人们说像个胖酒壶，所以大家都叫它壶壶。因为鼻子受伤了，需要包扎起来养伤，小九就索性把它的鼻子包扎成一个酒盖的样子。

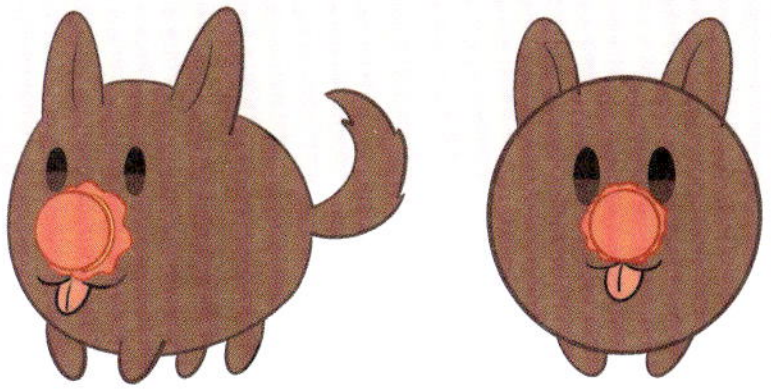

302525
R: 48 G: 37 B: 37
C: 76% M: 79% Y: 75% K: 55%
E5B446
R: 229 G: 180 B: 37
C: 11% M: 33% Y: 78% K: 0%
1E4B4F
R: 30 G: 75 B: 79
C: 88% M: 65% Y: 64% K: 24%
1C7C3B
R: 28 G: 124 B: 59
C: 84% M: 38% Y: 100% K: 1%
F9D8C0
R: 249 G: 216 B: 192
C: 2% M: 20% Y: 24% K: 0%

黄小九
春
黄酒IP设计

黄小九
夏
黄酒IP设计

黄小九
秋
黄酒IP设计

黄小九
冬
黄酒IP设计

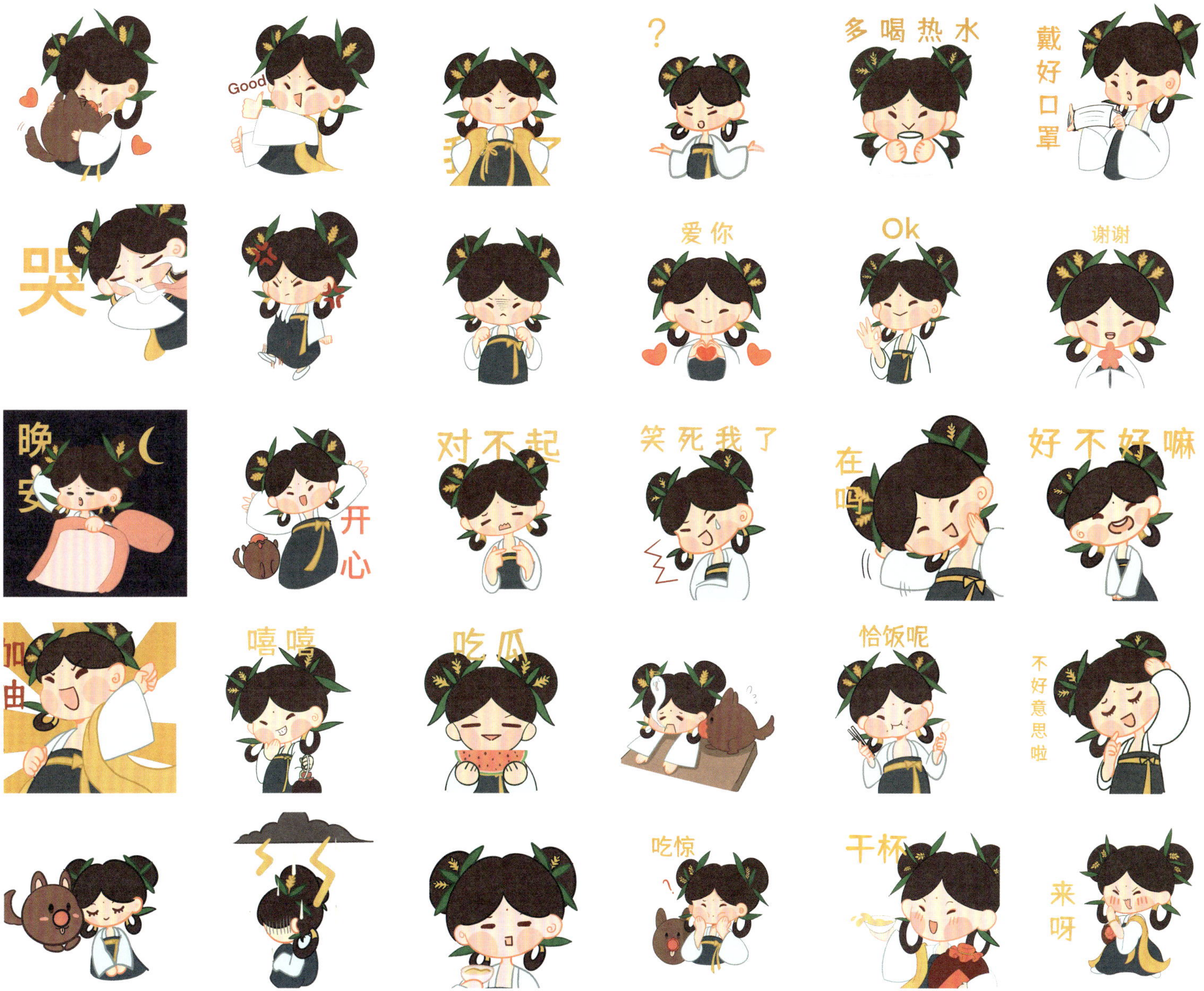

Good
?
多喝热水
戴好口罩
哭
爱你
Ok
谢谢
晚安
开心
对不起
笑死我了
在
好不好嘛
加
嘻嘻
吃瓜
恰饭呢
不好意思啦
吃惊
干杯
来呀

黄小九
huangxiaojiu

黄小九
黄酒IP设计
Good
福

黄小九
黄酒IP设计

广东美术职业学院产品设计专业品牌文创产品设计案例集

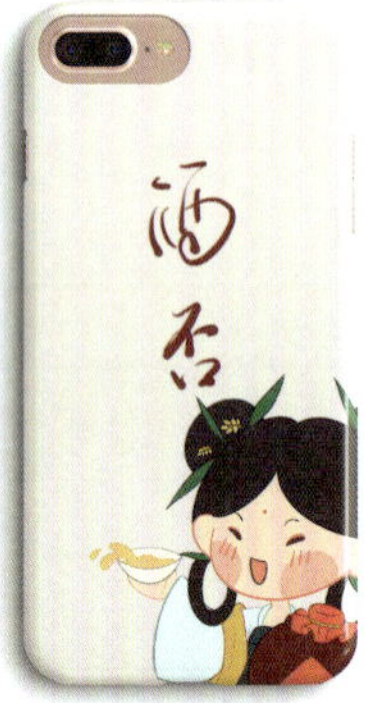

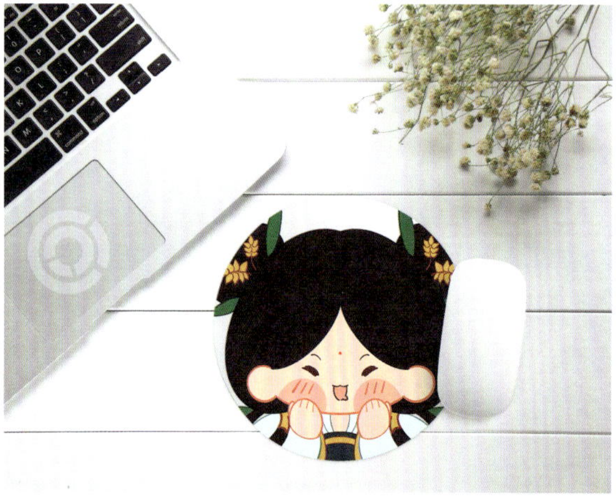

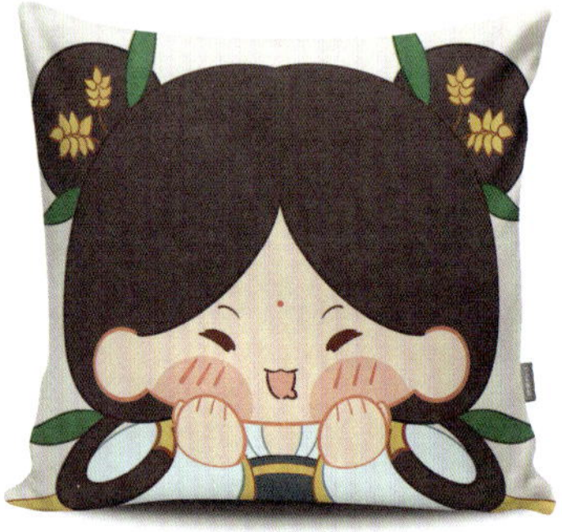

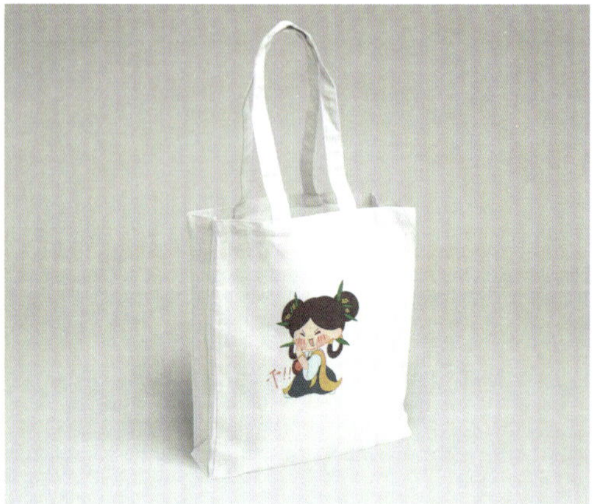

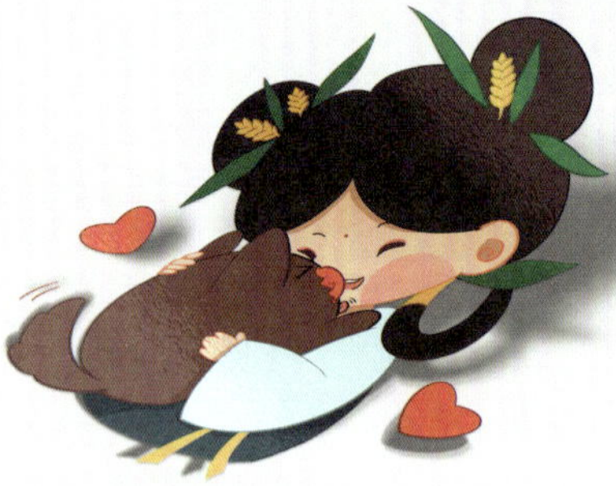

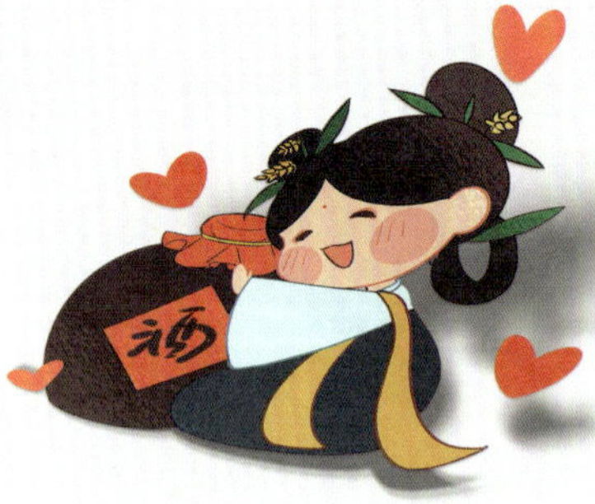

Good

黄小九

二十四节气

作　　者/彭　强
指导老师/金　澜　孙晓晨　路玲娟

二十四节气是中国古代农耕文明的产物，农耕生产与大自然的节律息息相关，它是古代先民顺应农时，通过观察天体运行，认知一年中时令、气候、物候等方面变化规律所形成的知识体系。每个节气都表示着气候、物候、时候这“三候”的不同变化。

在国际气象界，二十四节气被誉为“中国的第五大发明”。

2016 年 11 月 30 日，二十四节气被正式列入联合国教科文组织人类非物质文化遗产代表作名录。

本设计以二十四节气为主题，对每一个节气进行插画创作，旨在让大家更深入地了解二十四节气。

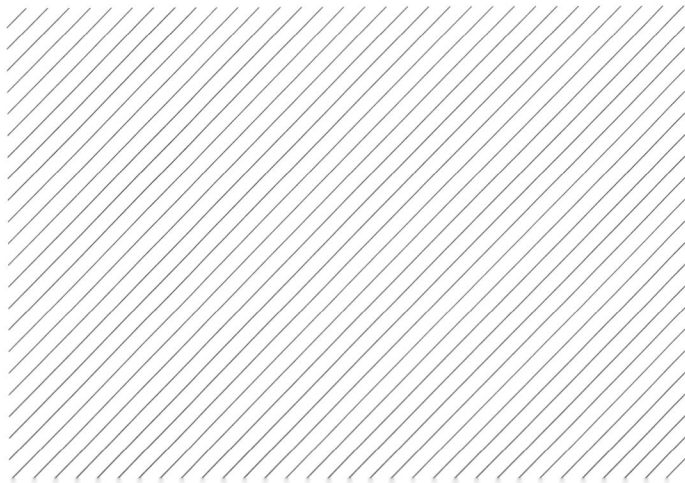

立　春为二十四节气之首。立春标志着万物闭藏的冬季已过去，开始进入风和日暖、万物生长的春季。

雨　水节气的含义是降雨开始，降雨量级多以小雨或毛毛细雨为主。

惊　蛰反映的是自然生物受节律变化影响而出现萌发生长的现象。

春　分的分，意思是一半，是一分为二，昼夜平分、寒暑平衡。

清　明时，气清景明，万物皆显，因此得名，兼具自然与人文两大内涵，既是自然节气点，也是传统节日。

谷　雨取自“雨生百谷”之意，此时降水明显增加，田中的秧苗初插、作物新种，最需要雨水的滋润，降雨量充足而及时，谷类作物能茁壮成长。

立　夏表示告别春天，是夏天的开始。立夏以后，正式进入雨季，雨量和雨日均明显增多。

小　满节气意味着进入了大幅降水的雨季，雨水开始增多，往往会出现持续大范围的强降雨。

芒　种节气在农耕上有着相当重要的意义。芒种的含义是“有芒之谷类作物可种，过此即失效”。

夏　至表示炎热的夏天即将来临，这一天太阳经过夏至点，北半球白天最长，夜间最短，天气也阴晴不定。

小　暑中的“暑”是炎热的意思，小暑即为小热，意指天气开始炎热，但还没到最热。

大　暑炎热之极。大暑相对小暑，更加炎热，是一年中日照最多、最炎热的节气，“湿热交蒸”在此时到达顶点。

立　秋意味着降水、湿度等，处于一年中的转折点，趋于下降或减少；在自然界，万物开始从繁茂成长趋向成熟。

处　暑是反映气温变化的一个节气。“处”含有躲藏、终止的意思，“处暑”表示炎热暑天到了尾声。

白　露是反映自然界寒气增长的重要节气。由于天气逐渐转凉，昼夜温差渐渐拉大，中午气温较高，但早晨与夜间已有丝丝凉意。

秋　分的分即为“平分”“半”的意思，除了指昼夜平分外，还有一层意思是平分了秋季。

寒　露是一个反映气候变化特征的节气，寒露节气后，昼渐短，夜渐长，日照减少，热气慢慢退去，寒气渐生，昼夜温差较大，晨晚略感丝丝寒意。

霜　降不是表示“降霜”，而是表示气温骤降、昼夜温差大。就全国平均而言，霜降是一年之中昼夜温差最大的时节。

立　冬意味着生气开始闭蓄，万物进入休养、收藏状态。气候也由秋季少雨干燥向阴雨寒冻的冬季气候渐变。

小　雪这个节气期间，寒未深且降水未大，故用“小雪”来比喻这种气候特征，反映的是这个节气期间寒流活跃、降水渐增，不是表示这个节气下很小量的雪。

大　雪节气与小雪节气一样，是反映气温与降水变化趋势的节气。大雪节气的特点是气温显著下降、降水量增多。

冬　至这天太阳南行到极致，标示着太阳新生、太阳往返运动进入新的循环。

小　寒是冷气积久而寒，是天气寒冷但还没有到极点的意思，它与大寒、小暑、大暑及处暑一样，都是表示气温冷暖变化的节气。

大　寒同小寒一样，也是表示天气寒冷程度的节气，大寒是天气寒冷到极致的意思。

立春

雨水

惊蛰

春分

清明

谷雨

立夏

小满

芒种

夏至

暑

大暑

立秋

处暑

白露

秋分

露

霜降

冬

小雪

雪

霜降

谷雨
霜降
2022

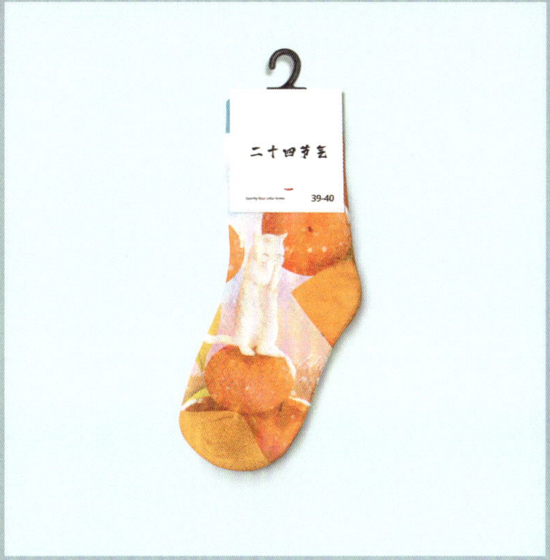
二十四节气
39-40

二十四节气
39-40

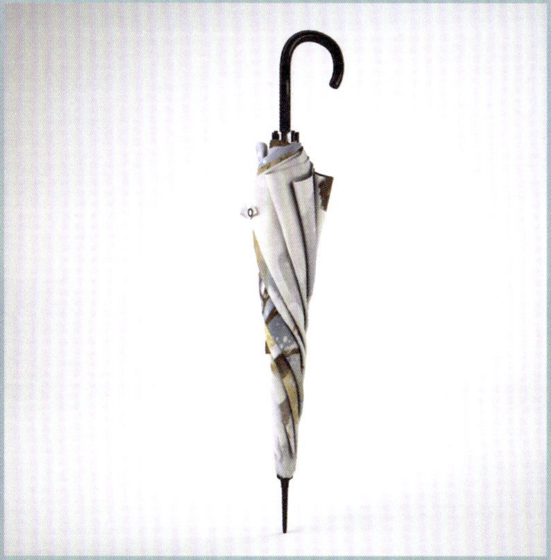

疯狂地铁城

作　　者 / 宋玉婷
指导老师 / 张君如　张　昕　孙卫林

现在很多人的出勤方式是搭乘地铁，速度快又便捷，但除了早晚高峰的拥挤外，还会遇到一些不易察觉却又影响乘坐体验的不文明行为。本设计由此产生，借用某些动物特殊的形象、习性抑或是特征来暗讽这些不文明行为，以达到警醒大众的目的。

动物形象更能吸引人们的注意力，将各具特色的动物拟人化，来暗讽在乘坐地铁时有这些不文明行为的人。这些动物特有的习性在它们身上或许是可爱的，但出现在人的身上就显得不那么可爱了。

设计方案主要表现形式包括海报、四格漫画、人物形象设计等。

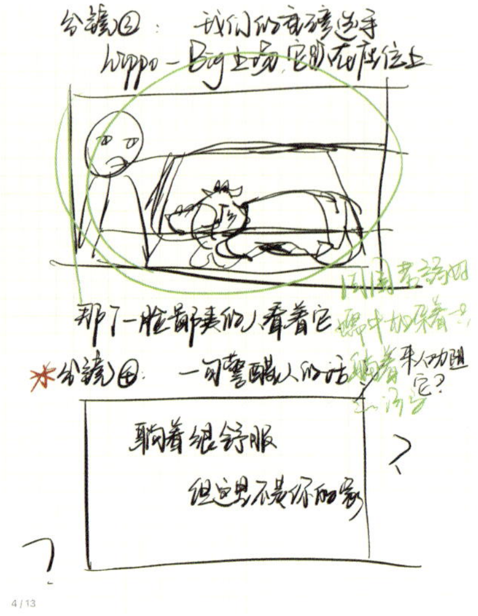

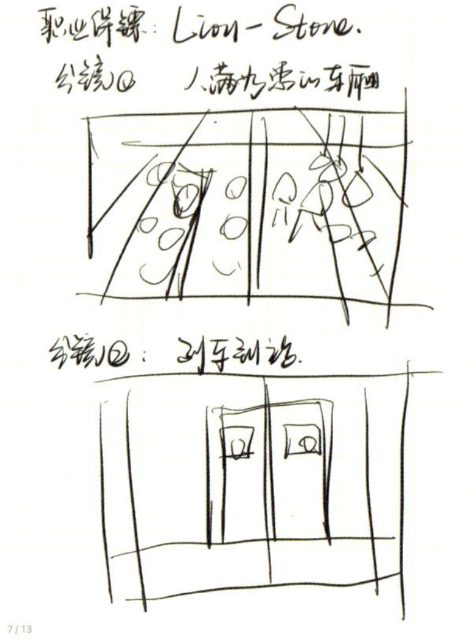
Lion-Stone.

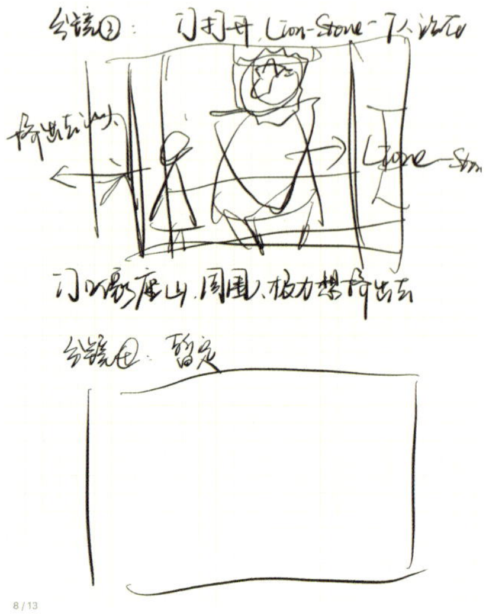

职业保镖
Lion Stone

Monkey boy

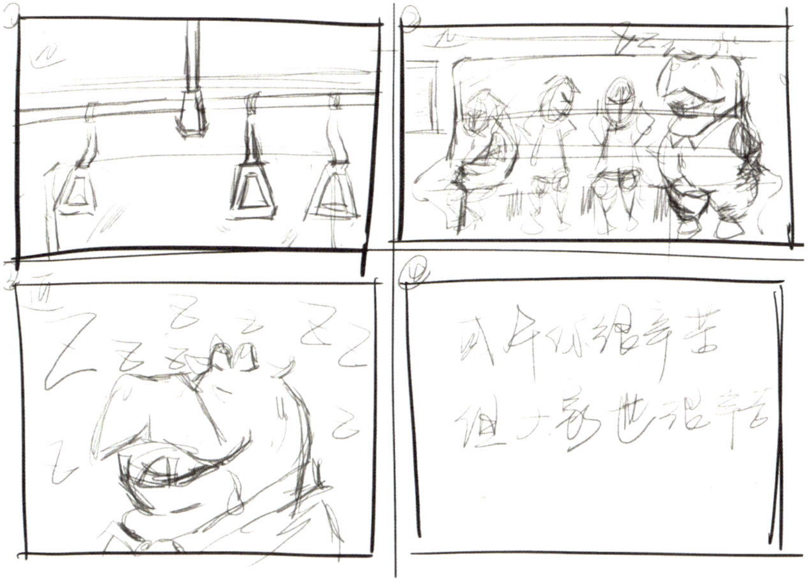

OVER
weight

请勿影响他人

疯狂地铁城
狮子
ONE

疯狂地铁城

疯狂地铁城

疯狂地铁城
运动

疯狂地铁城
BiG

疯狂地铁城

energy

weight

enough

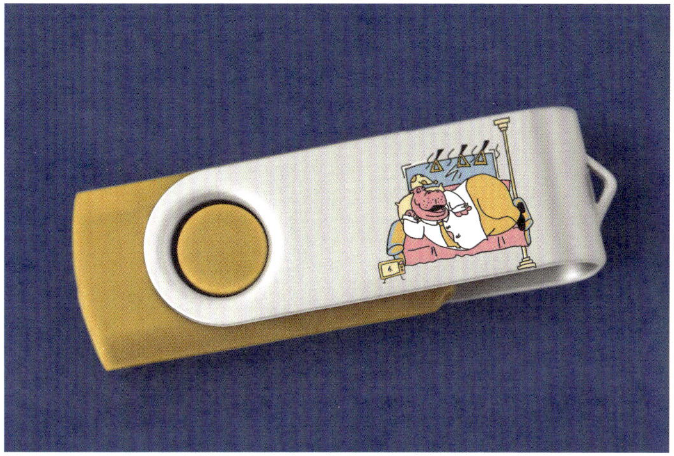

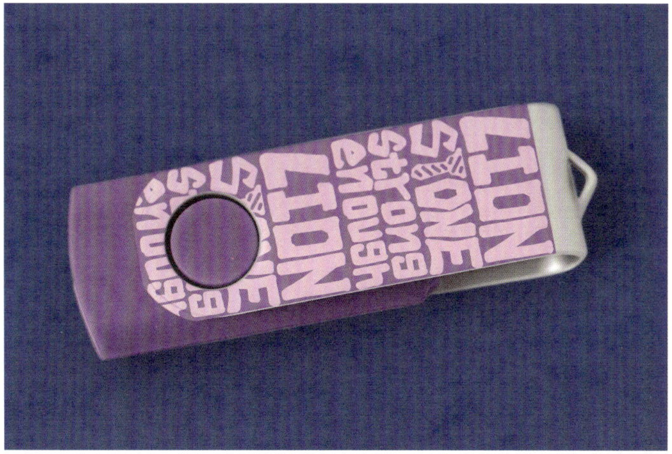
LION
ONE
strong
enough

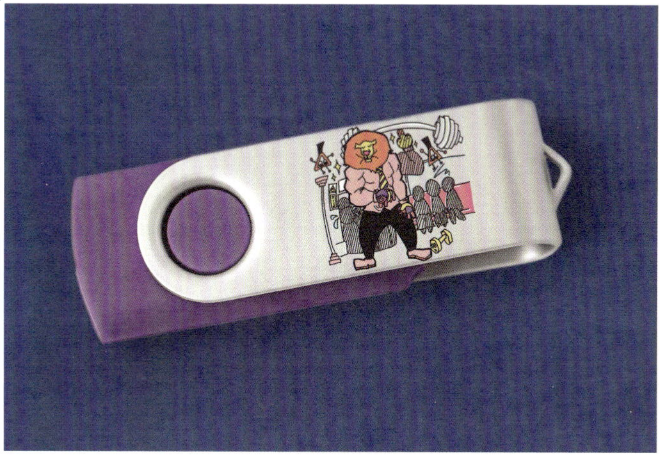

HiPPO
BiG
over-
weight

SPORTS
MONKEY
full of
energy

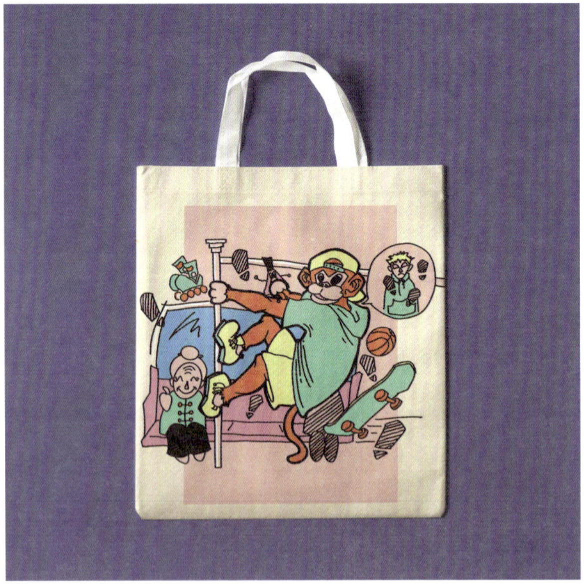

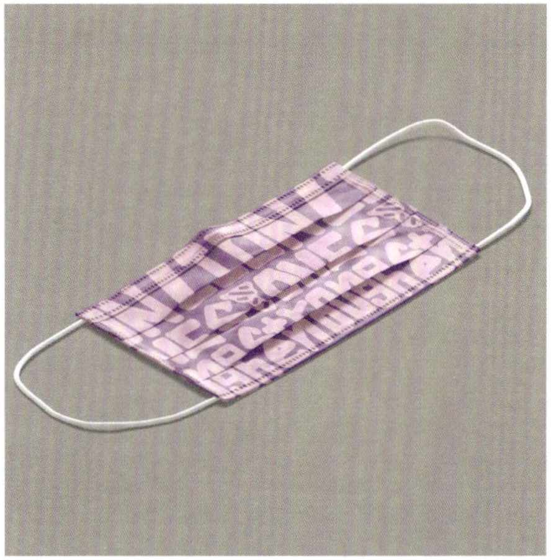

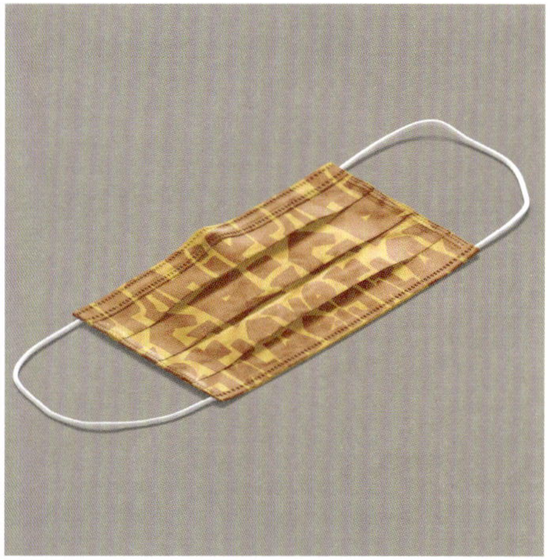

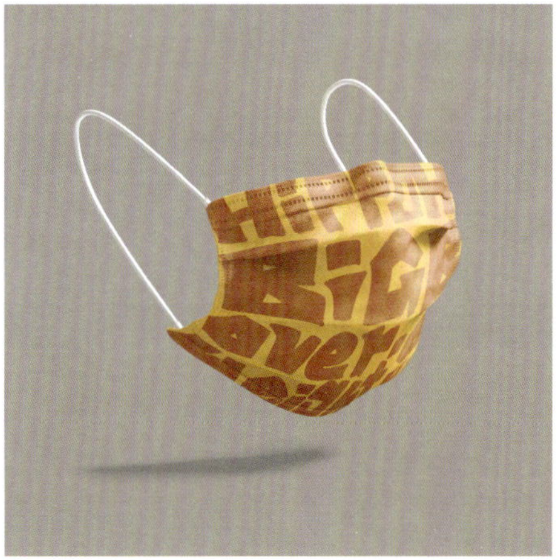

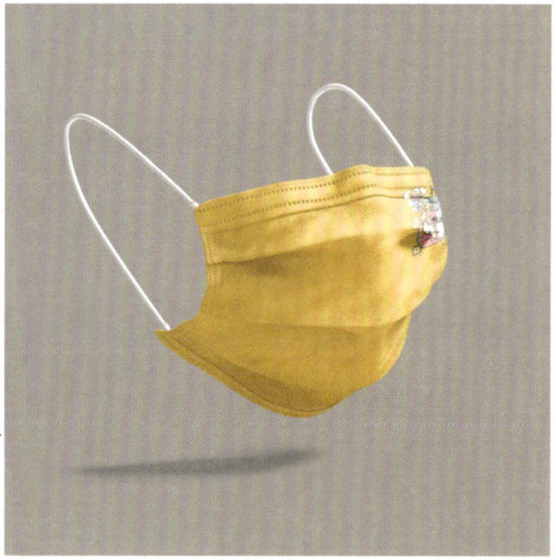

full of

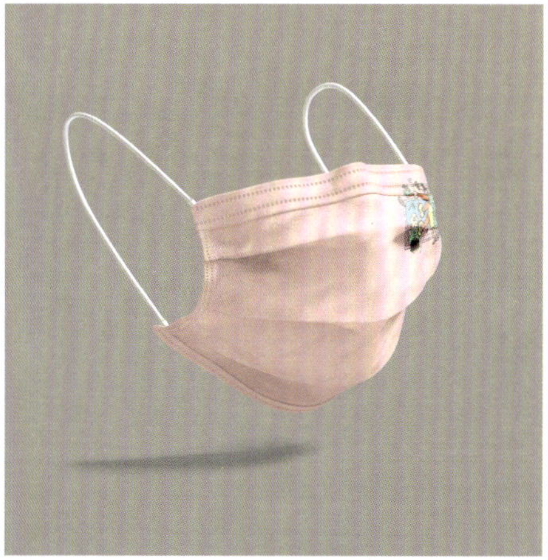

勿把地铁当成家

勿把地铁当成家

疯狂地铁城
STONE
strong
enough

勿把地铁当成家

勿把地铁厢门挡
strong
enough

勿把地铁厢门挡

疯狂地铁城
STONE
strong
enough

疯狂地铁城
STONE
strong
enough

勿把地铁厢门挡

疯狂地铁城
strong
enough

勿把地铁厢门挡

千户彝寨——贵州彝族文旅IP形象设计

作　者 / 罗　璇
指导老师 / 孙晓晨　路玲娟　金　澜

位于贵州省六盘水市水城县玉舍镇海坪村的千户彝寨，由1006户彝族农家组成，是著名的避暑旅游景点。本作品中设计了两个IP形象，6岁的女儿小彝和中年的阿爸，将千户彝寨的形象与该地著名景点太阳历广场结合，设计了多组海报及旅游宣传画。同时设计了16组动态表情包，为IP形象增添了互动性。

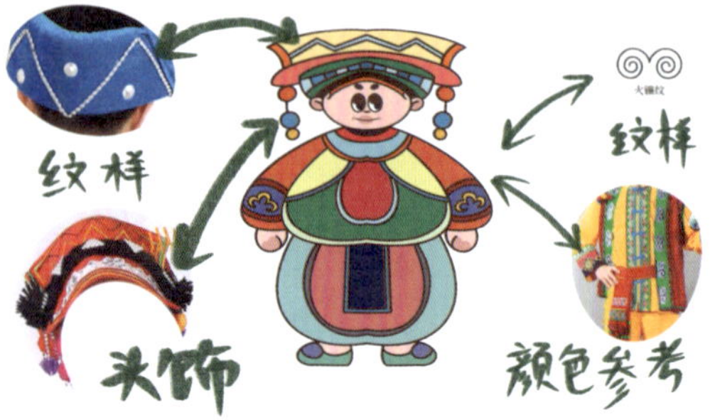

纹样
头饰
纹样
颜色参考

#e7682b
#ee6873
#fbdf97
#15885c
#d85343
#5a75eb
#faf192
#92cdce
#152460
#cf044e
#71b7a2
#329e0d4
#413023
#dba3a2
#80ebf5

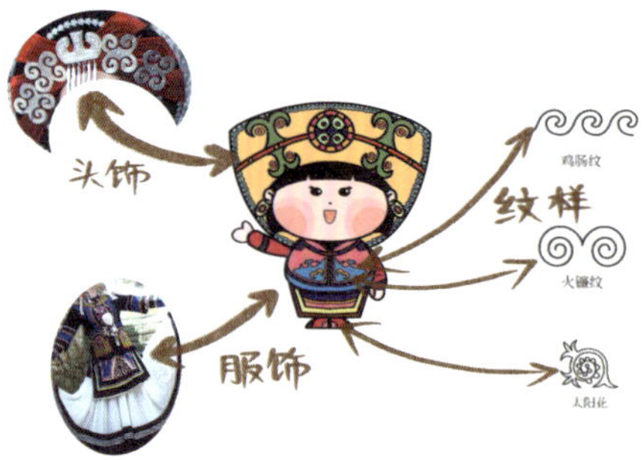

头饰
纹样
服饰

#fac671
#d0004e
#ea7093
#3c9dd5
#719155
#7eecf1
#0d0c13
#382e6a
#d64271
#ffed91
#feaeaa
#683114
#2d2e30
#bfe69c

千户彝寨

千户彝寨

千户彝寨

千户彝寨

千户彝寨

千户彝寨

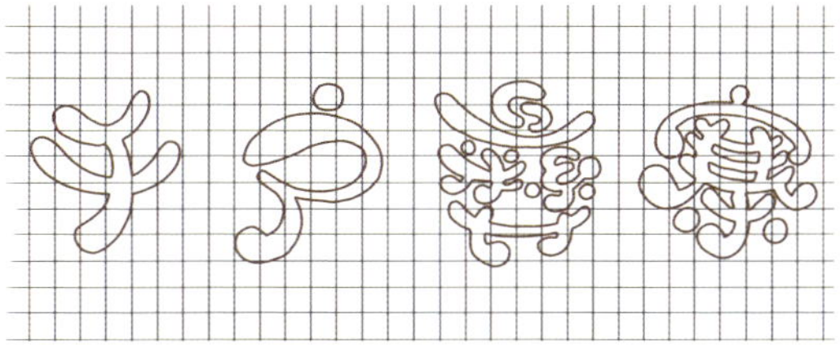
千户彝寨

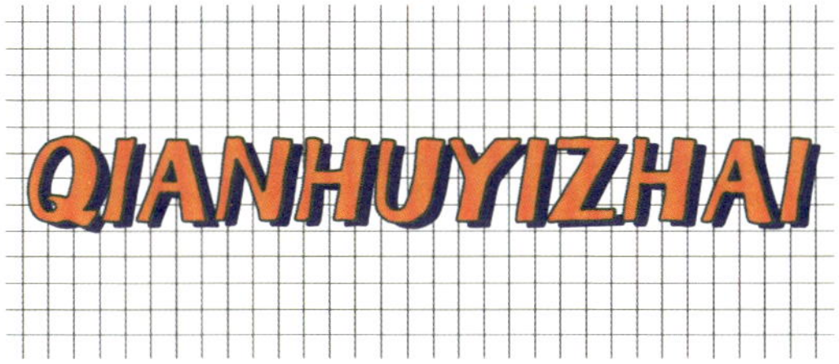
QIANHUYIZHAI

XIAOYI
ABA

XIAOYI
ABA

好
千户彝寨欢迎您!

QIANHUYIZHAI

QIANHUYIZHAI

QIANHUYIZHAI

香辣脆

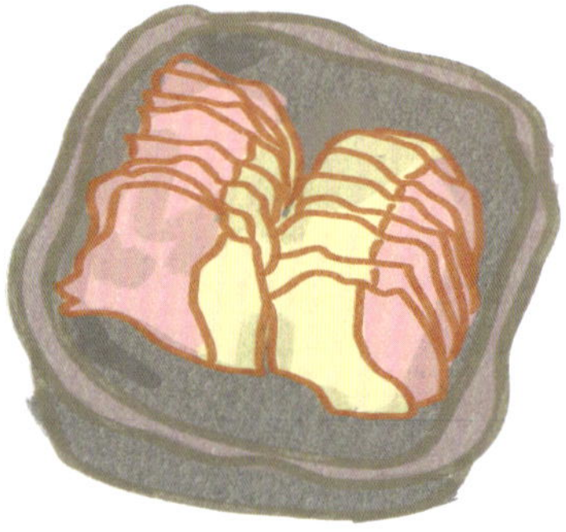

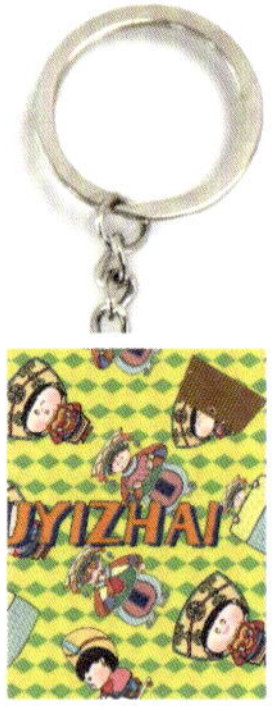

QIANHUYIZHAI

QIANHUYIZ
QIANHUY
yyds!

XIAOYI

QIANHUYIZHAI
千户彝寨

XIAOYI
QIANHUYIZHA

yyds!

旗袍少女

作　　者 / 周雨馨

指导老师 / 张　昕　张君如　孙卫林

提起旗袍，就让人想起上海。旗袍，是中国和世界华人女性的传统服装之一，它代表着经典，是最能体现东方女性美的经典服饰之一，被誉为“穿在身上流动的非遗”“中国风”的象征之一。

“旗袍少女在上海”系列文创旨在唤醒经典，融入时代创新精神，注入时代的血液，赋予青春的活力，为更好地传承和发展海派文化经典特色做出尝试。

设计方法：以身穿旗袍的人物形象为模型，运用计算机辅助完成周边产品设计应用。

門樂百
PARAMOUNTHALL

哼！
不愧是我！
给你一颗
小心心
啧~
给你一颗
小心心
不愧是我！
啧~
耶~
干嘛
给你一颗
小心心
真好吃
啊？

不愧是我！

Green

Clay Light/ Dark

RoseGold

Silver

Black

Right

Front

Left

6K Resolution

200dpi

百樂門
PARAMOUNTHALL

鱼缸社群

作　　者/张　月
指导老师/张　昕　张君如　孙卫林

以红色锦鲤为原型设计的 IP 形象，既有鱼的特点，又具有吉祥之意。IP 形象的穿着是用学位服形象设计的，学位服是象征学位的正式礼服，是学位被授予人获得学位的有形的、可见的标志之一。将锦鲤和学位服相结合，体现了鱼缸社群是一个相互学习、德才兼备的学习群。

鱼缸
WEFISH

善于发现
SHANYUFAXIAN

勇于探索
YONGYUTANSUO

敢于创新
GANYUCHAUNGXIN

WEFISH
善于发现

WEFISH
勇于探索

WEFISH
敢于创新

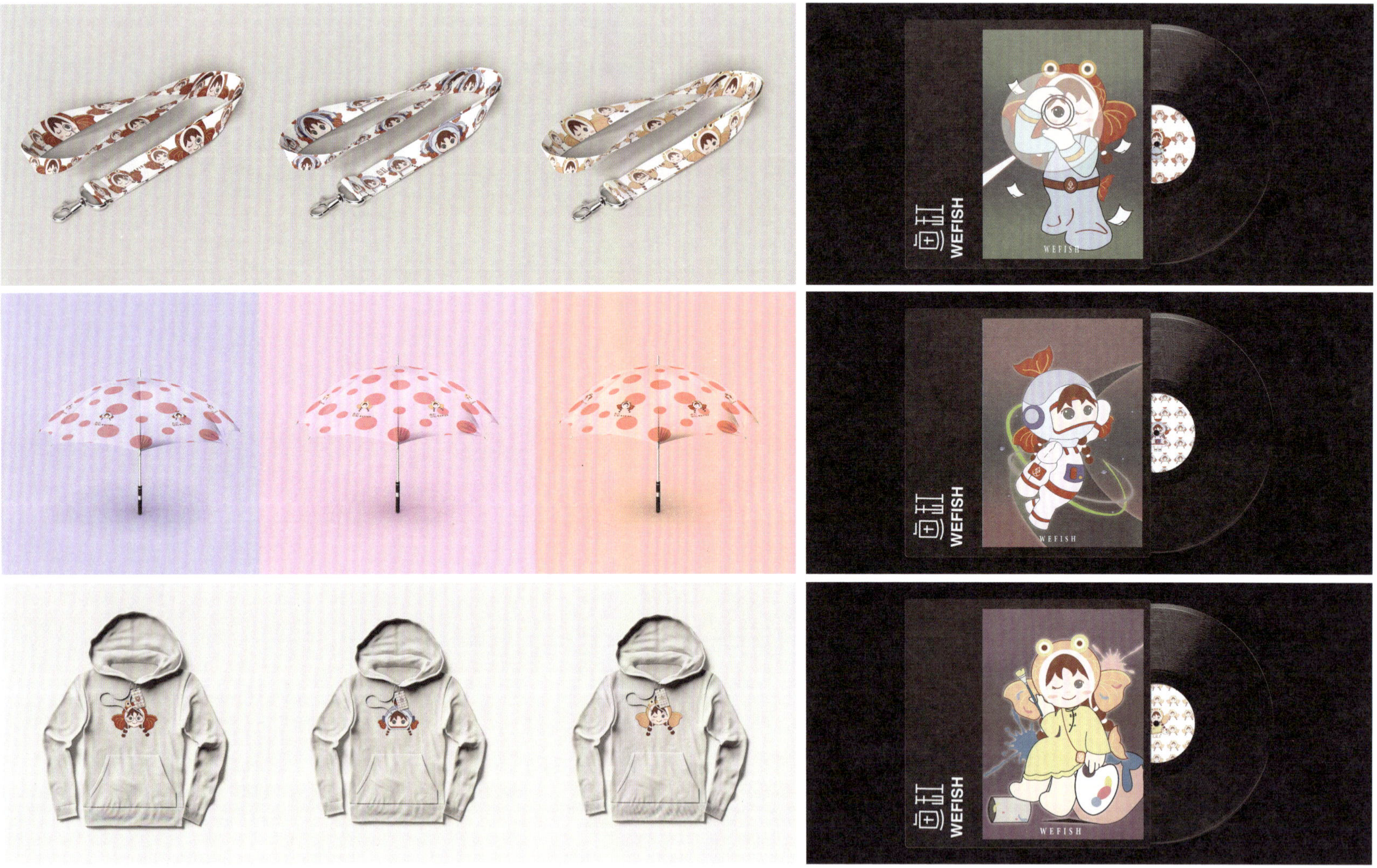
WEFISH
WEFISH
WEFISH
WEFISH
WEFISH
WEFISH

WEFISH
WEFISH
WEFISH
WEFISH
WEFISH
WEFISH

善于发现
善于发现
WEFISH
善于发现
勇于探索
WEFISH
敢于创新
敢于创新
WEFISH

WEFISH
善于发现

鱼缸
WEFISH

WEFISH
敢于创新

鱼缸
WEFISH

鱼缸
WEFISH

WEFISH
敢于创新鱼缸里的色彩
dare to innovate
WEFISH
勇于探索鱼缸里的奥妙
dare to explore
WEFISH
善于发现鱼缸里的美
good at discovering

WEFISH
敢于创新鱼缸里的色彩
dare to innovate
WEFISH
勇于探索鱼缸里的奥妙
dare to explore
WEFISH
善于发现鱼缸里的美
good at discovering

WEFISH

WEFISH

鱼缸 WEFISH

鱼缸 WEFISH

鱼缸 WEFISH

鱼缸 WEFISH

山西古建筑文创设计

作　　者 / 陈舒心
指导老师 / 张君如　张　昕　孙卫林

古建筑是人类遗产的实物表现，是城市的凝固记忆，是城市意象的主体标志性符号。它是历史的见证，是其所处时代的人文风貌、地域特征的反映，是社会精神状态、物质状态的折射。如何把自身的文化资源优势转化为发展文创产业的胜势，最终开发设计出既符合大众需求，又具有文化特性的文创精品，正是此课题的研究意义，力求在满足大众物质消费和精神需求的同时，延续文物建筑的生命力，使文创产品成为传统文物的承载者和传播者。

提取山西特有的古建筑文化元素并将其运用到文创产品设计上面，设计以历史文化创新为主要诉求且具有实用性、文化性的文化创意产品，满足最基本的实用价值。希望通过一件件小的文创产品，讲述其背后的历史文化价值，让更多的人了解到古建筑的存在意义和其本身的历史遗迹与内涵。

以山西特有古建筑为中心开发一系列衍生品，为古建筑文化宣传服务。持续扩大山西古建筑的品牌影响力，开发一些新的具有创意和影响力的文创产品，扩大受众群体，传递山西特色；持续开发新的特色文化，从文化价值、艺术价值、教育价值等各方面着手，挖掘爆点，扩大影响。

晋善晋美
飞虹塔

晋善晋美
飞虹塔

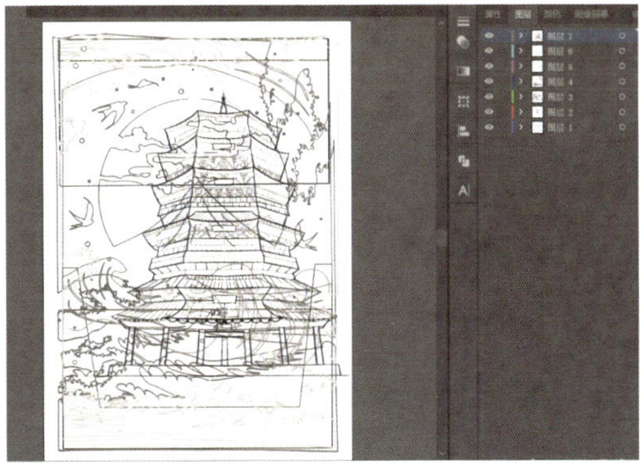

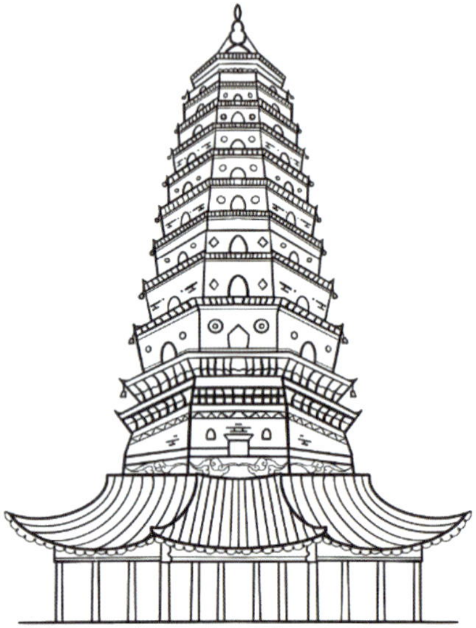
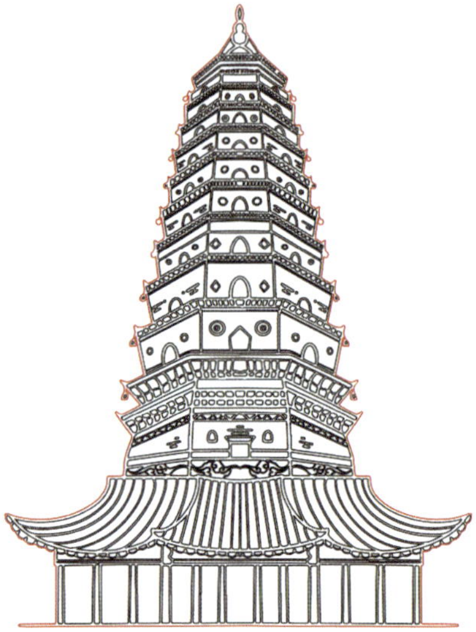

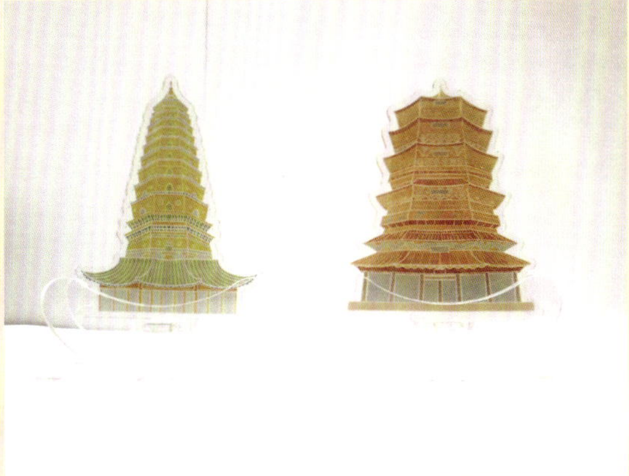
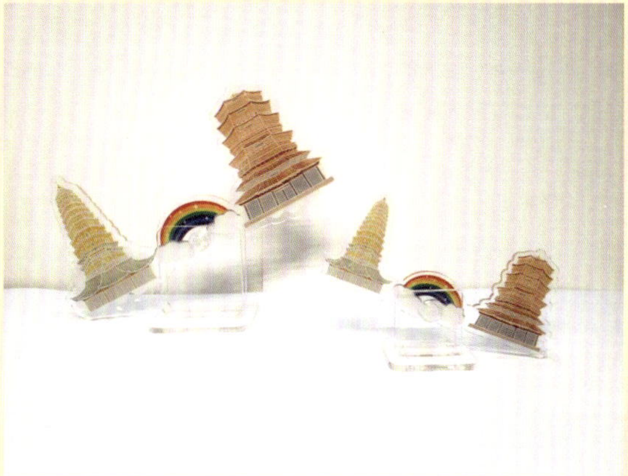

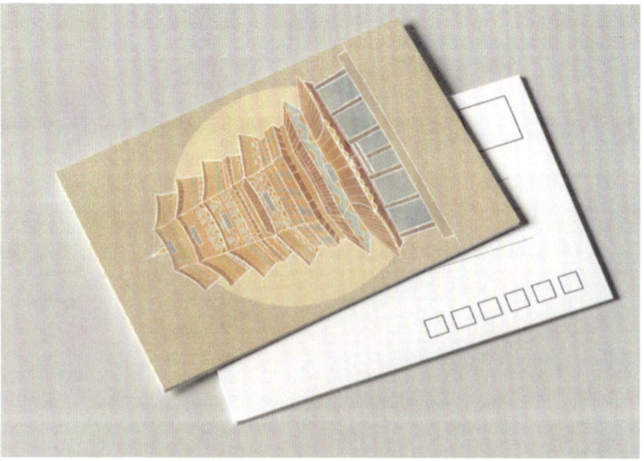

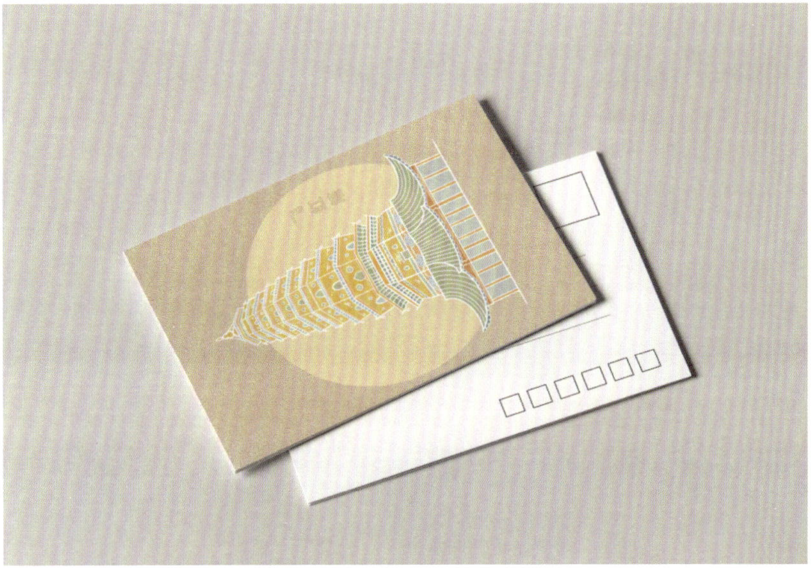

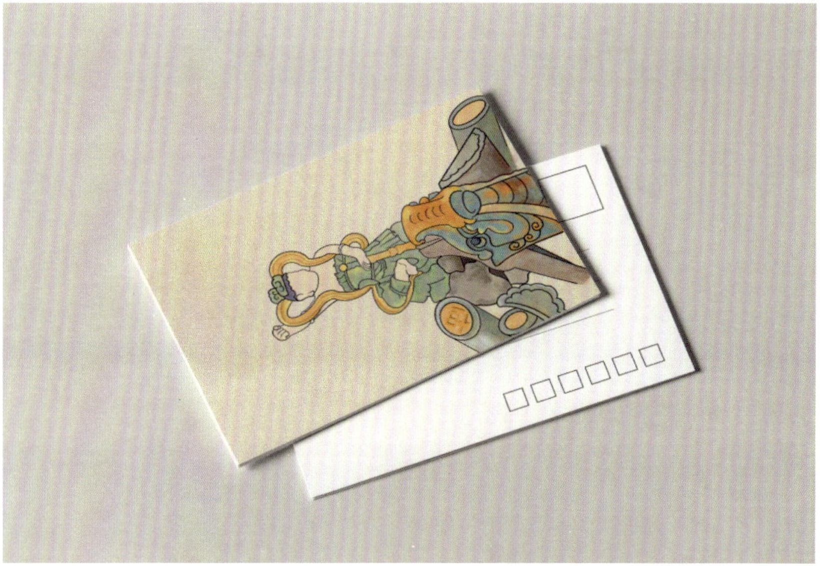

飞虹塔
释迦塔

飞虹塔

百变小青龙

作　者／刘金辉
指导老师／张君如　张　昕　孙卫林

菊园小青龙是一项具有历史性、文化性、艺术性的非遗项目。菊园小青龙的历史可追溯到清朝末年。最初嘉定东门有一支龙舟队，当时，有位蒲姓老夫人酷爱观赛，每逢开赛定去庙里祈福，后来她身染重病，无法出门观看河里的龙舟赛，其子便请人扎出一条地上的“小青龙”，通过表演以博母笑，尽份孝心，舞龙随之在嘉定流行。元宵节期间，当地人便会举行舞龙盛会，以此驱走晦气，带来新一年的好运与福气。

基于原有小青龙的 IP 形象，开发设计富有趣味性、实用性、互动性的衍生文创产品，将菊园小青龙元素融入家居用品、办公用品、艺术纪念品、环保用品、网络社交、电商宣传、新媒体媒介，或者概念设计等，设计出更多有趣的产品，让更多人了解菊园，了解小青龙。

小青龙

小青龙

秋分
Autumnal Equinox
白露早，寒露迟，秋分种麦正当时。

大雪
Greater Snow
孤舟蓑笠翁，独钓寒江雪。

雨水
The rains
好雨知时节，当春乃发生

夏至
Summer Solstice
高居念田里，苦热安可当
小青龙

¥66.00

Leisure time

1
January
1
1
MON
星期一

凉心茶开

作　　者 / *龚雨秋*
指导老师 / *孙卫林　张君如　张　昕*

主要内容：为当代凉茶制作宣传图稿，采用明亮的色彩制造复古的感觉。人物采用卷发卡通形象，给人一种活泼可爱的感觉。生动活泼的人物形象与各式各样的瓶瓶罐罐相得益彰，让人会心一笑的同时，也给炎热的夏季带去一丝清凉，给生活减减压。

设计方法：通过手绘软件对 Logo、图案、海报、插画、书签、包装等进行设计。

关键词：轻松、开心、趣味、色彩。

WEEKLY

WEEKLY

WEEKLY

WEEKLY

夏日凉饮
开
周末不打洋
10:00
22:00

凉心茶开
拒绝
有趣の凉茶

积分券
凉心茶开

积分券
凉心茶开

积分券
凉心茶开

积分券
凉心茶开

WEEKLY
凉心茶开

January

M	T	W	T	F	S	S
					1	2
3	4	5	6	7	8	9
10	11	12	13	14	15	16
17	18	19	20	21	22	23
24	25	26	27	28	29	30
31						

February

M	T	W	T	F	S	S
	1	2	3	4	5	6
7	8	9	10	11	12	13
14	15	16	17	18	19	20
21	22	23	24	25	26	27
28						

March

M	T	W	T	F	S	S
	1	2	3	4	5	6
7	8	9	10	11	12	13
14	15	16	17	18	19	20
21	22	23	24	25	26	27
28	29	30	31			

WEEKLY

August

M	T	W	T	F	S	S
1	2	3	4	5	6	7
8	9	10	11	12	13	14
15	16	17	18	19	20	21
22	23	24	25	26	27	28
29	30	31				

September

M	T	W	T	F	S	S
			1	2	3	4
5	6	7	8	9	10	11
12	13	14	15	16	17	18
19	20	21	22	23	24	25
26	27	28	29	30		

October

M	T	W	T	F	S	S
					1	2
3	4	5	6	7	8	9
10	11	12	13	14	15	16
17	18	19	20	21	22	23
24	25	26	27	28	29	30
31						

November

M	T	W	T	F	S	S
	1	2	3	4	5	6
7	8	9	10	11	12	13
14	15	16	17	18	19	20
21	22	23	24	25	26	27
28	29	30				

December

M	T	W	T	F	S	S
			1	2	3	4
5	6	7	8	9	10	11
12	13	14	15	16	17	18
19	20	21	22	23	24	25
26	27	28	29	30	31	

95mm
190mm
95mm

95mm
190mm
95mm

WEEKLY
WEEKLY

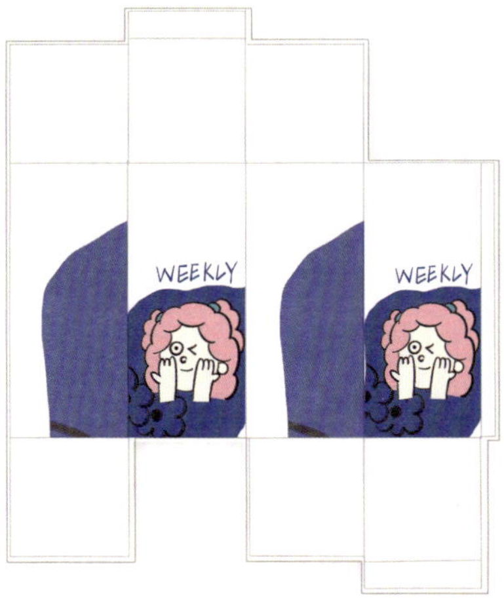
WEEKLY
WEEKLY

WEEKLY
WEEKLY

WEEKLY
WEEKLY

三星伴月

作　　者 / 王怿程
指导老师 / 殷　实　徐丽蓉　翟有恒

三星堆古遗址位于四川省广汉市西北的鸭子河南岸，距今已有 3000 至 5000 年历史，是迄今在西南地区发现的文化内涵最丰富的古蜀文化遗址。其中出土的文物是宝贵的人类文化遗产，在中国的文物群体中，属最具历史、科学、文化、艺术价值和最富观赏性的文物群体之一。

在这批古蜀秘宝中，高 2.62 米的青铜大立人，宽 1.38 米的青铜面具，以及高达 3.95 米的青铜神树等，均堪称独一无二的旷世神品。而以金杖为代表的金器，以满饰图案的边璋为代表的玉石器，亦多属前所未见的稀世之珍。

这项设计的初衷旨在推广三星堆文化，对其诸多代表元素进行再设计，使得三星堆更贴合现代流行文化。同时，尝试对三星堆具代表性的文物造型进行拟人化设计，并加入礼器元素，呼应古蜀人用音乐沟通天地的记载。

青铜神鸟

平头金面

青铜纵目面具

青铜兽纹面具

盘辫青铜

圆头金面

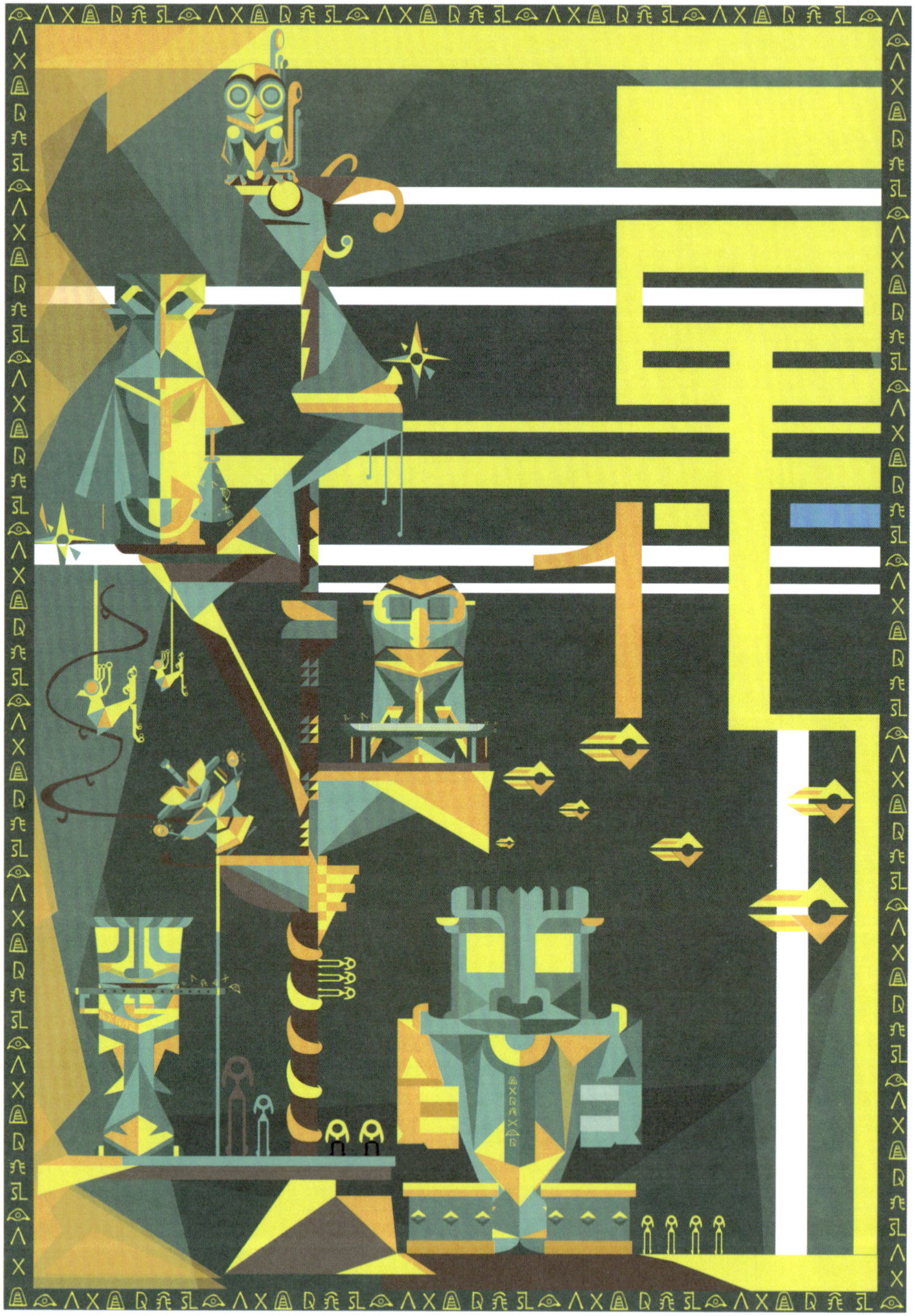

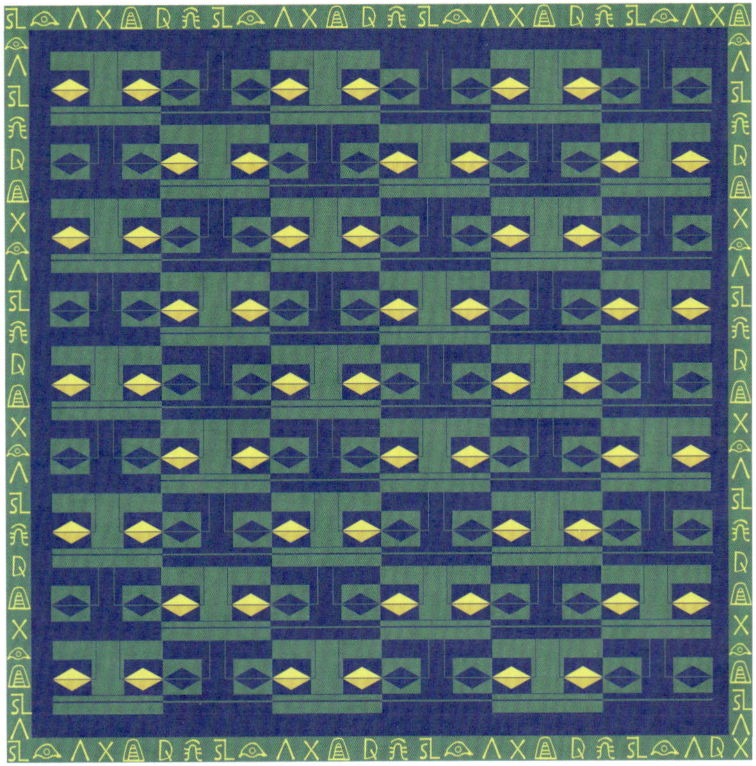

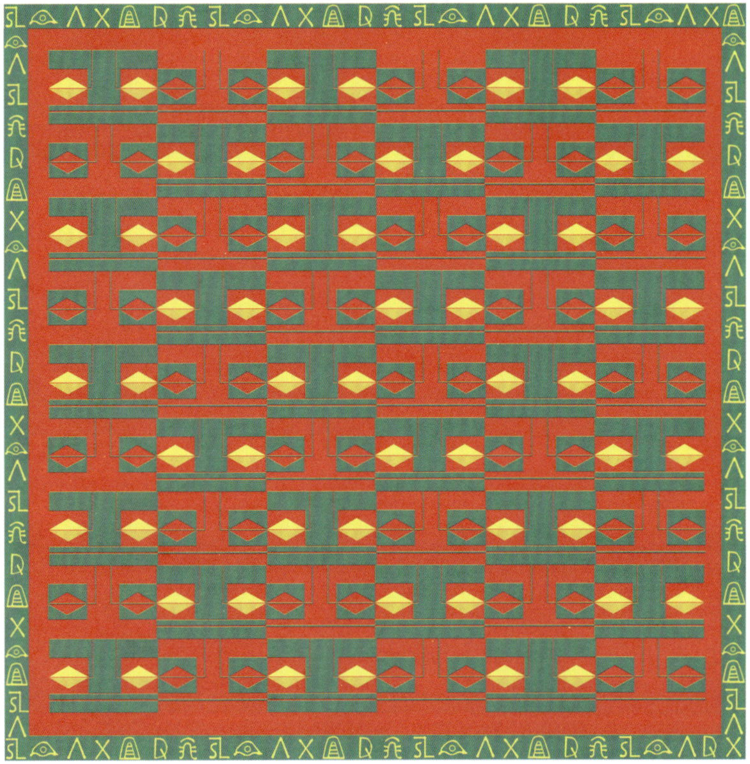

红河书院

作　　者 / 张彦玲　周　佺
指导老师 / 殷　实　徐丽蓉　翟有恒

红河书院以“中华文脉，滇南风貌”为设计理念，提取红河州中华传统文化中以哈尼族、彝族为代表的少数民族文化进行再创作。

在每个人的成长过程中，都会受到传统文化的影响。深刻挖掘云南红河州的传统文化，体会红河州民族文化精髓，用传统结合现代的语言去叙述红河州民族的文化是品牌形象设计的一个要求。在文创设计中以传统文化为创意点，具有其独特的意义，它不仅能增加产品的附加值，同时还能增强中华民族的认同感，满足人们的精神需求，是文创设计的深层次使命。

在做视觉形象设计时，运用红河州民族特色文创产业视觉元素的色彩和图形设计等，总结文创产业的特点以及当地文化特点，挖掘当地特色元素作为红河书院的视觉形象，并结合适当的材料更好地弘扬品牌文化。

优秀的品牌形象设计对民族文化有很好的推广作用。本次品牌形象设计旨在为红河书院提供多样化的视觉表现形式，为书院的创新发展提供良好的形象基础，从而推动红河书院的可持续发展。

HONG HE SHU YUAN

红色

蓝色

黄色

红河书院
HONGHES HUYUAN
HONG HE SHU YUAN
HONG HE SHU YUAN
HONG HE SHU YUAN
HONG HE SHU YUAN
HONG HE SHU YUAN
HONG HE SHU YUAN
HONG HE SHU YUAN

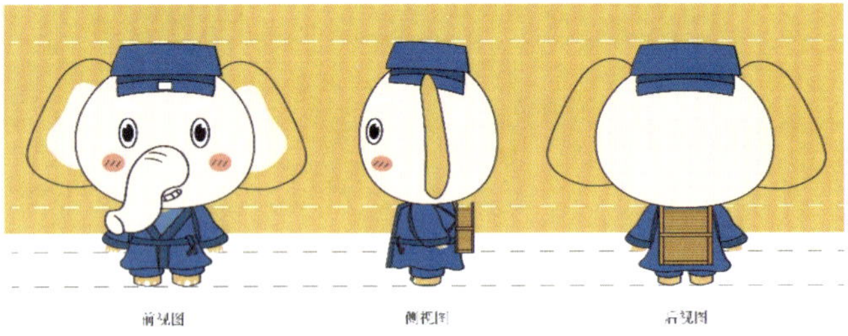
前视图
侧视图
后视图

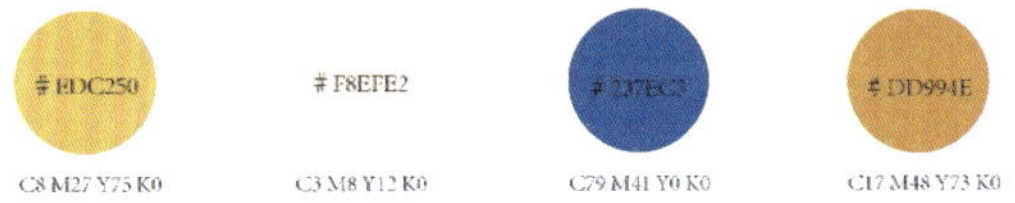
#EDC250
#F8EFE2
#237EC2
#DD994E
C8 M27 Y75 K0
C3 M8 Y12 K0
C79 M41 Y0 K0
C17 M48 Y73 K0

前视图
侧视图
后视图

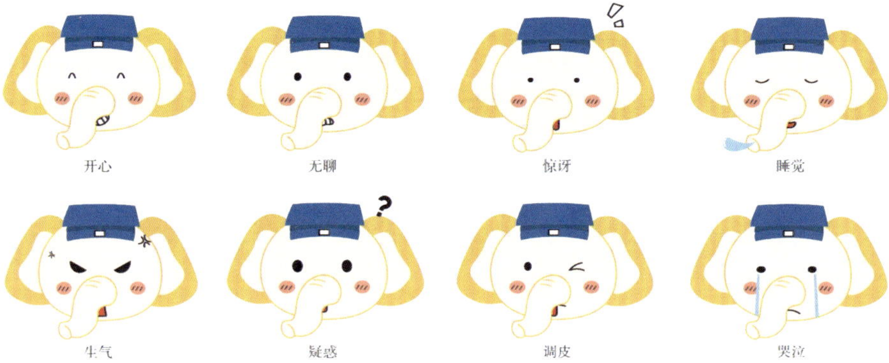
开心
无聊
惊讶
睡觉
生气
疑惑
调皮
哭泣

HONG HE SHU YUAN
红河書院
HONG HE SHU YUAN

HONG HE SHU YUAN
红河書院
HONG HE SHU YUAN

上海工艺美术职业学院产品设计
专业相品牌文创产品设计案例集

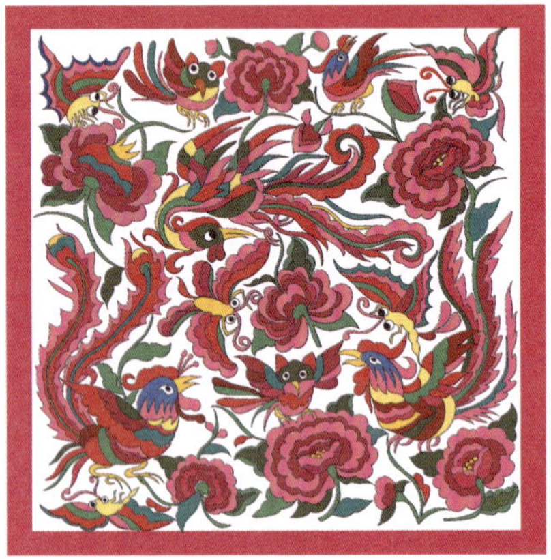

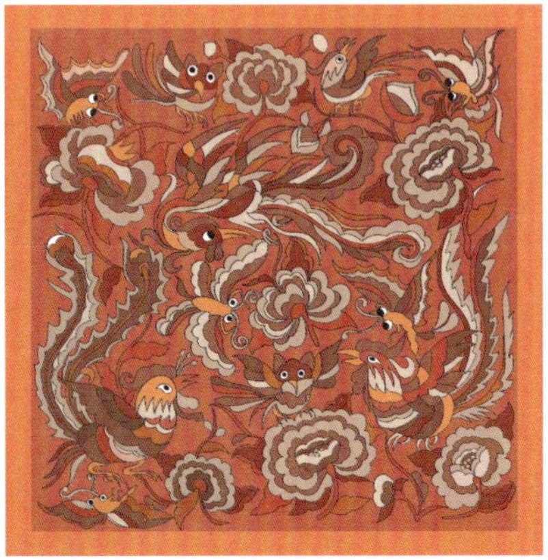

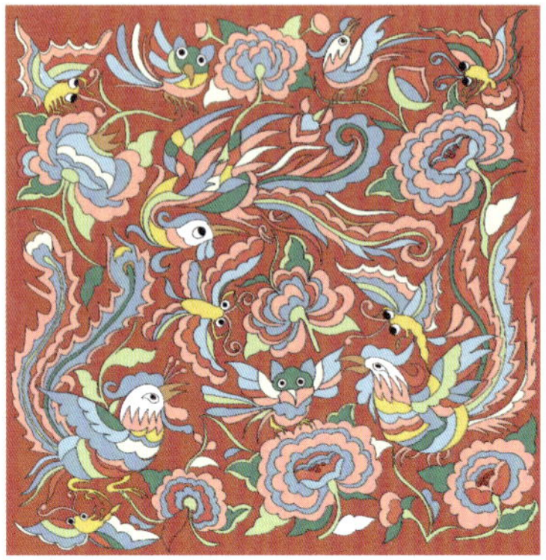

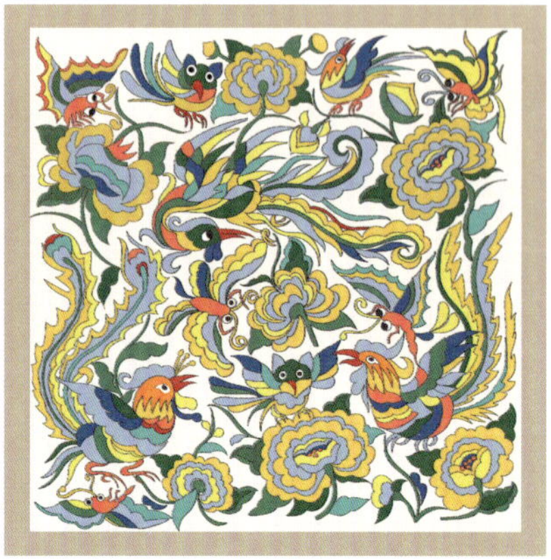

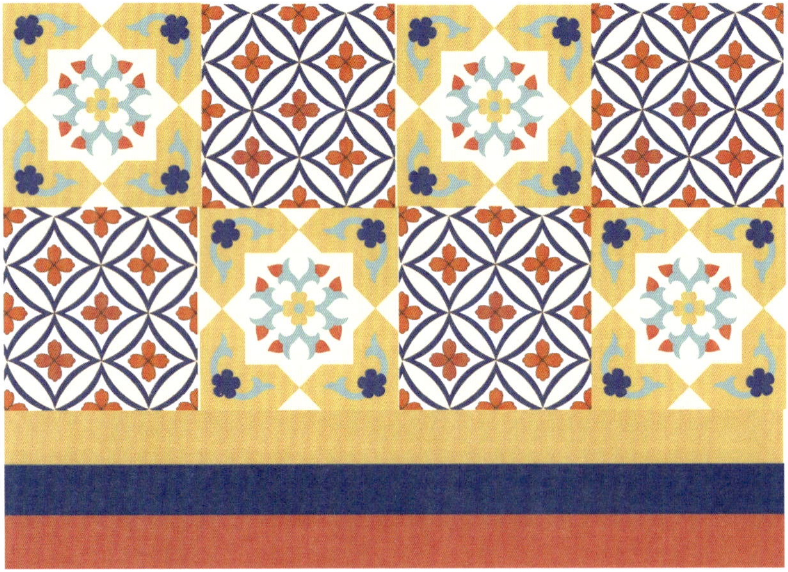

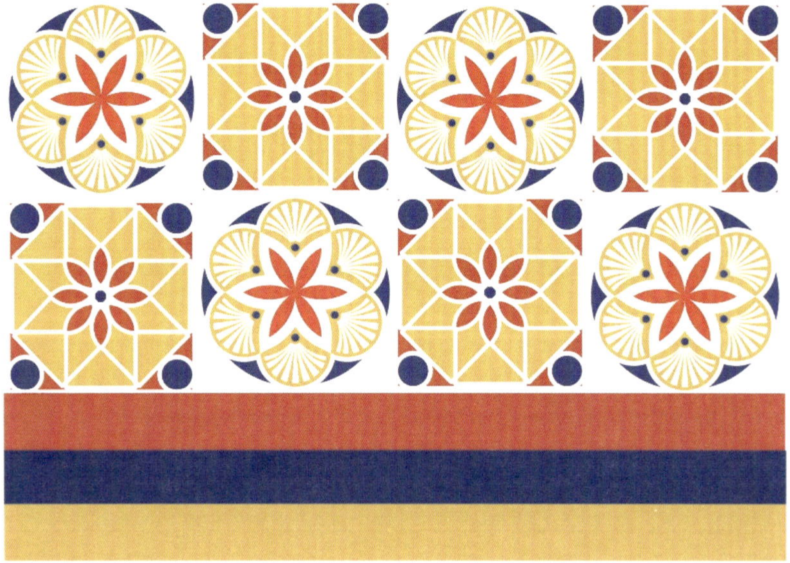

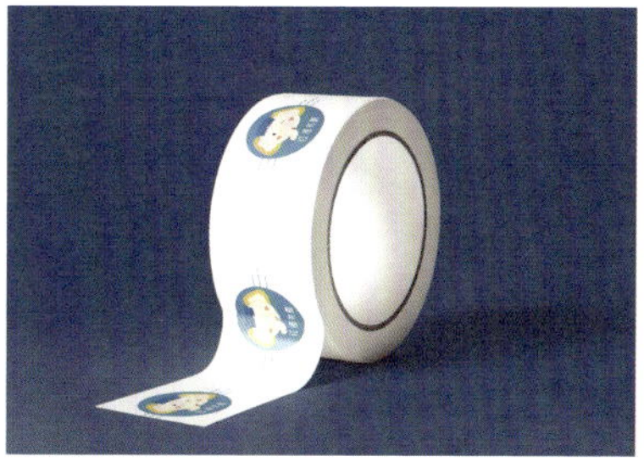

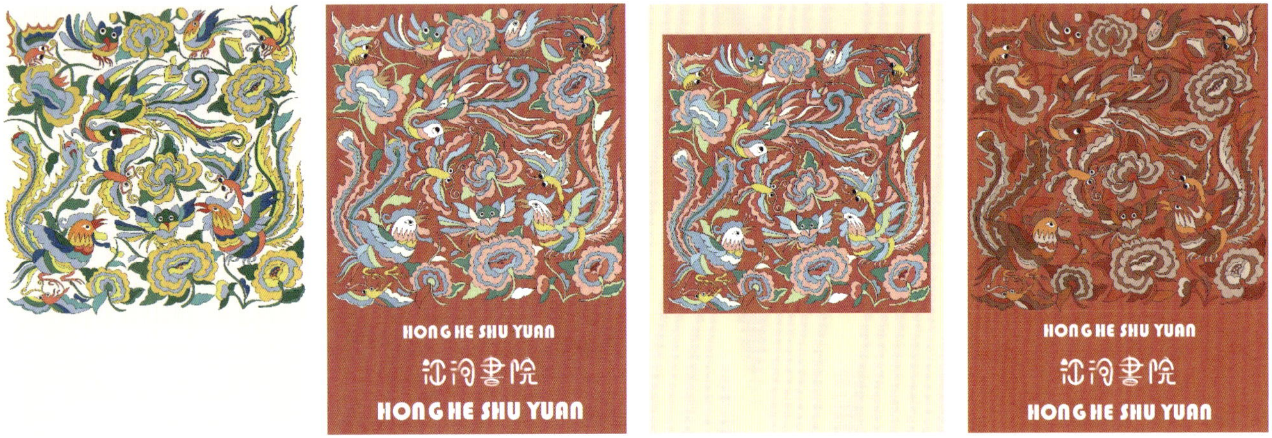
HONG HE SHU YUAN
HONG HE SHU YUAN
HONG HE SHU YUAN
HONG HE SHU YUAN

HONG HE SHU YUAN

HONG HE SHU YUAN
HONG HE SHU YUAN

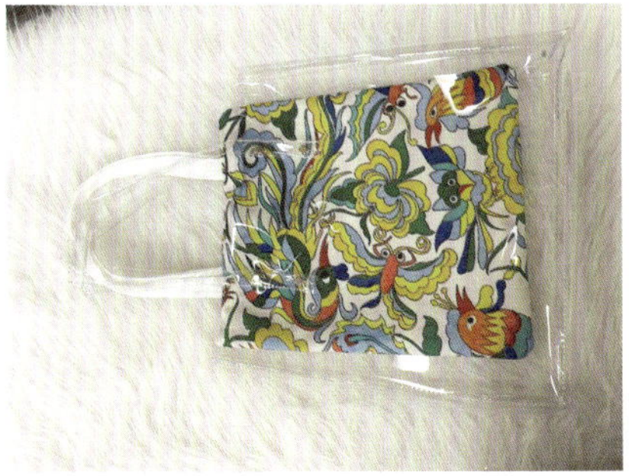

HONG HE SHU YUAN
HONG HE SHU YUAN

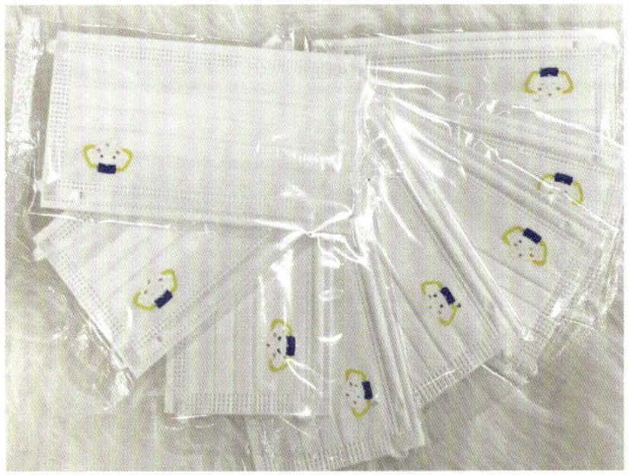

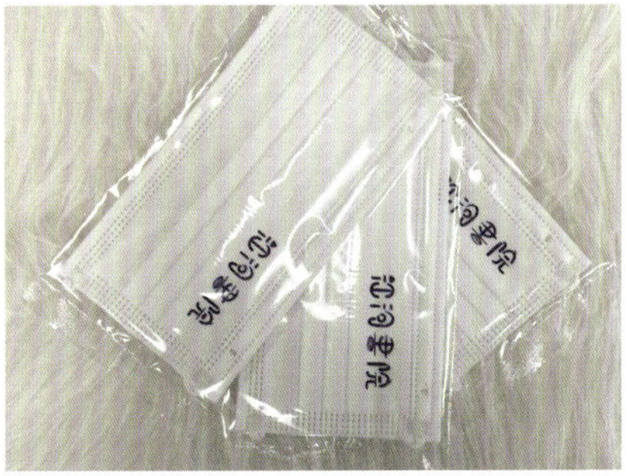

敦煌奇旅

作　　者 / *吴瑞娟*
指导老师 / *殷　实　徐丽蓉　翟有恒*

本设计灵感来源于中国敦煌莫高窟壁画，是与当下流行的渐变风格插画结合而产出的作品。时空交错，现代生活和先秦时期同时出现，敦煌飞天来到这个新奇又陌生的世界，被各个城市的文化、历史深深吸引，在城市中尽情探索游玩。

沈阳
SHEN YANG
1931
9月小
18
星期五
农历辛未年
七
十三 秋分

北京
沈阳

江苏

江苏
江苏

江苏
JIANGSU

泉州
QUAN ZHOU

人民邮政
人民邮政

CHINA POST
CHINA POST
CHINA POST

江苏
北京

北京
BEI JING

北京

沈阳

北京

北京
北京

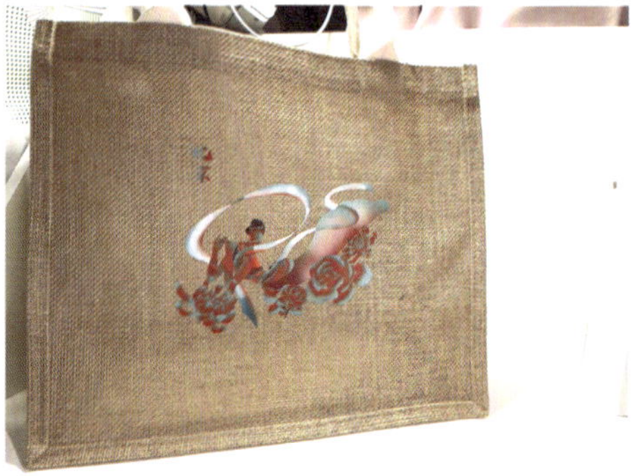

北京

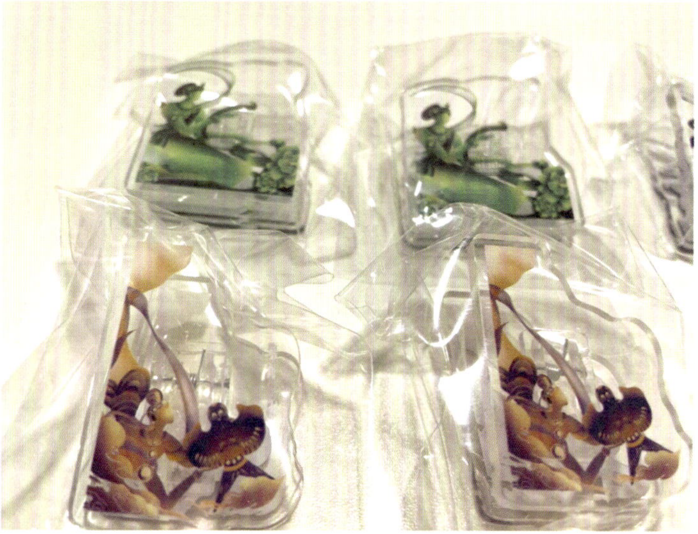

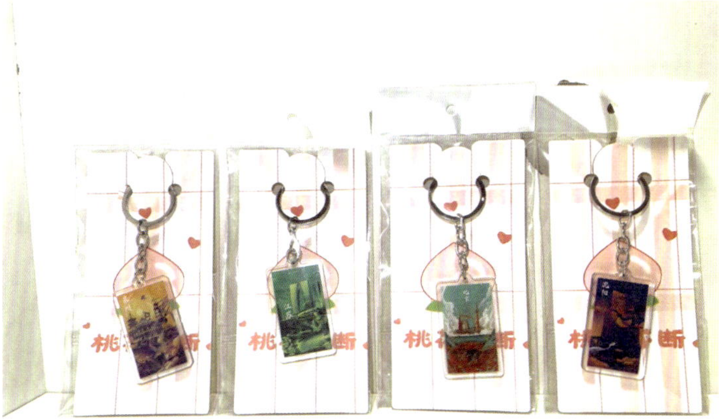

梦敦煌

作　　者 / 黄诗佳
指导老师 / 殷　实　徐丽蓉　翟有恒

敦煌文化，集建筑艺术、彩塑艺术、壁画艺术、佛教文化于一身，是一座艺术宝库，是世界文明长河中的一颗璀璨明珠。而敦煌文化太过庞大，本设计选取了敦煌的四大瑞兽——九色鹿、青鸟、守宝龙、翼马，并与中国的四个省市——云南、江苏、北京以及上海进行融合设计，使之与瑞兽的特点相呼应。

上海工艺美术职业学院产品设计专业样品馆文创产品设计案例集

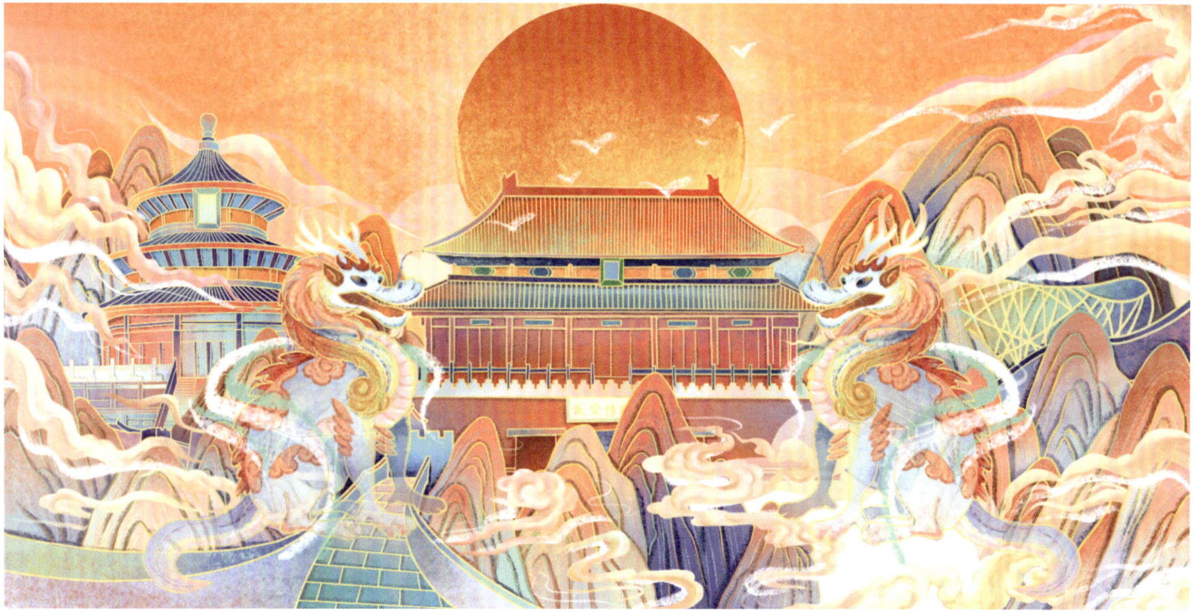

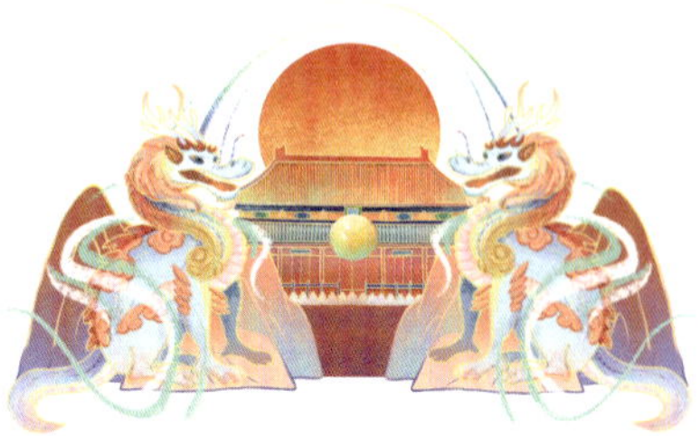

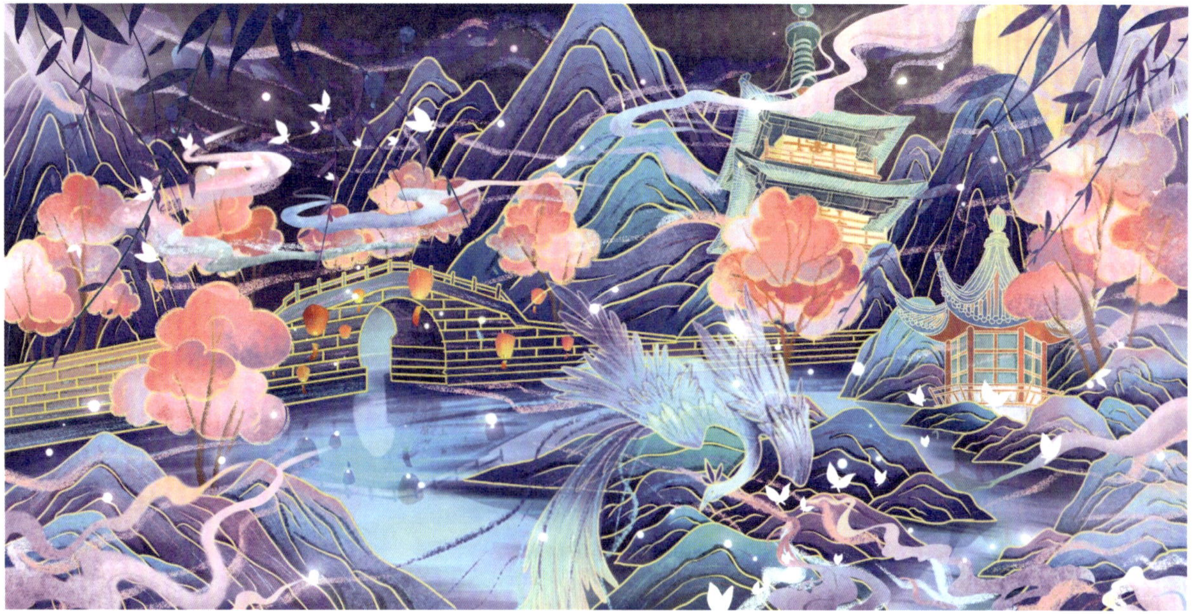

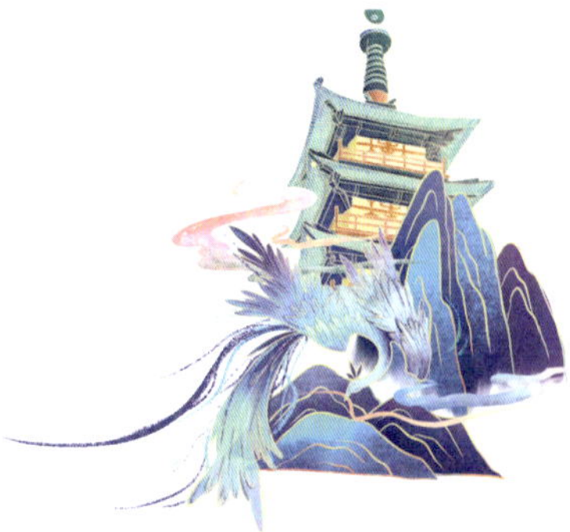

梦敦煌
梦敦煌
梦敦煌
梦敦煌
梦敦煌

梦敦煌
梦敦煌
梦敦煌
梦敦煌
梦敦煌

梦敦煌

梦敦煌

专业品牌文创产品设计案例

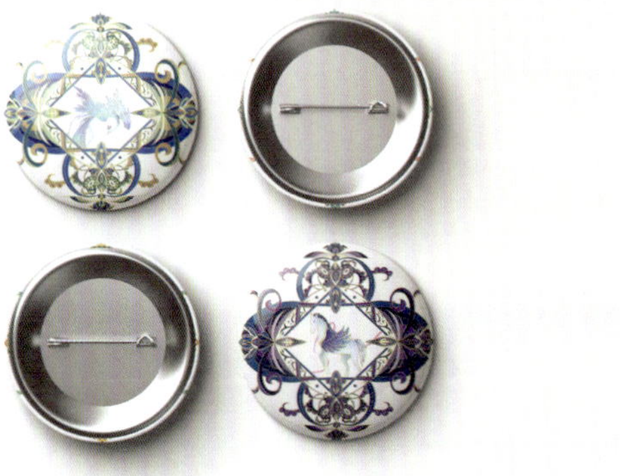

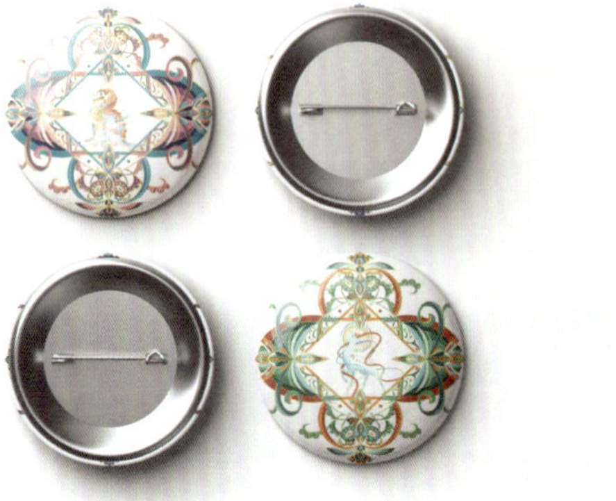

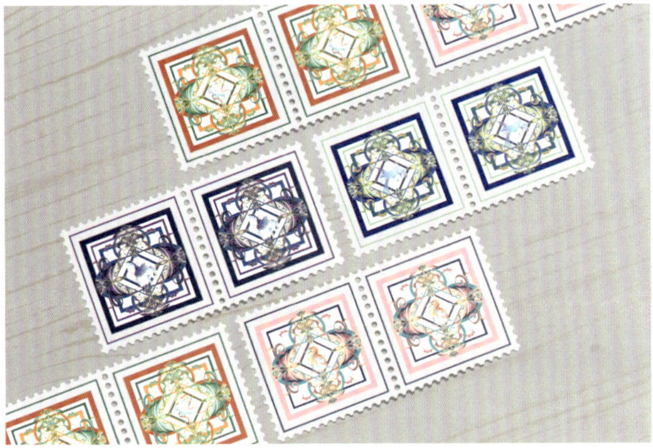

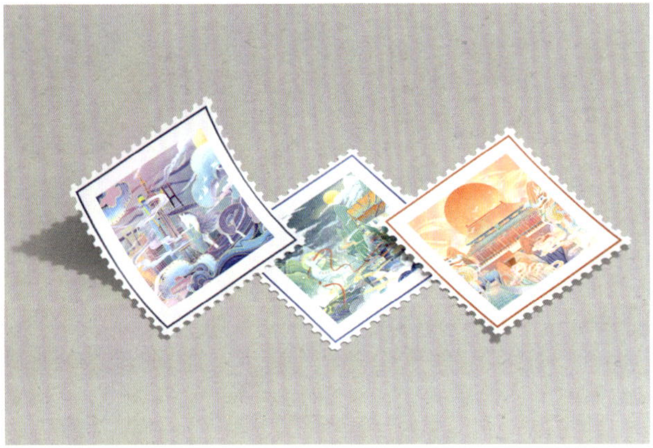

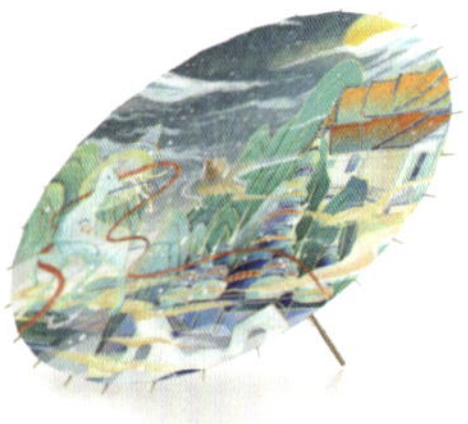

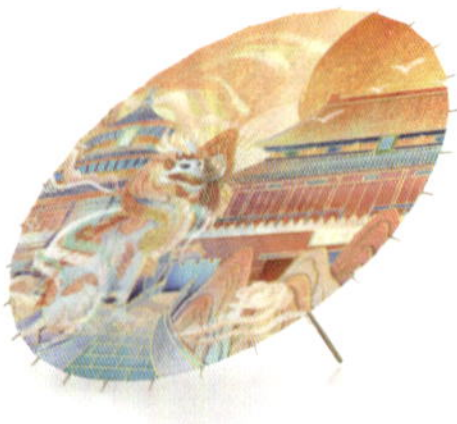

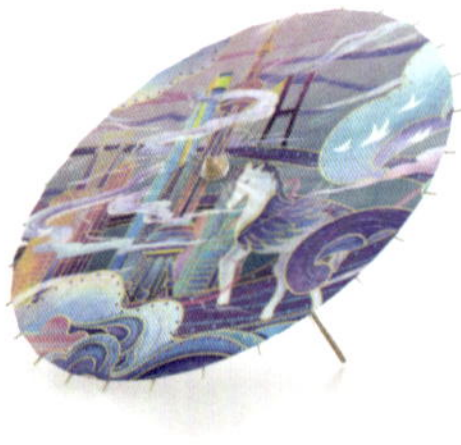

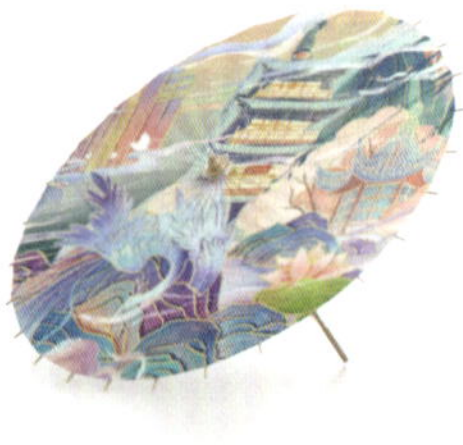

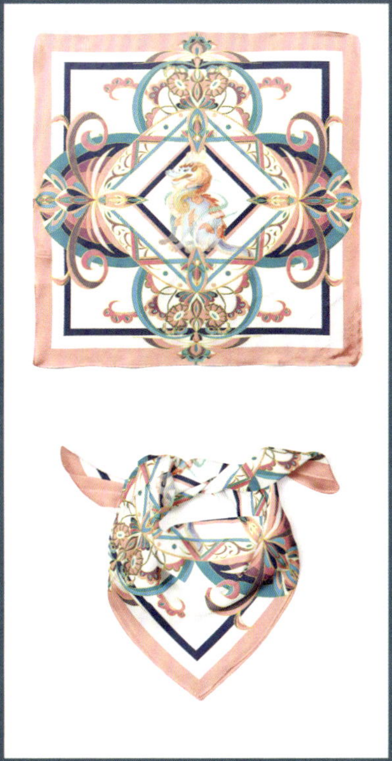
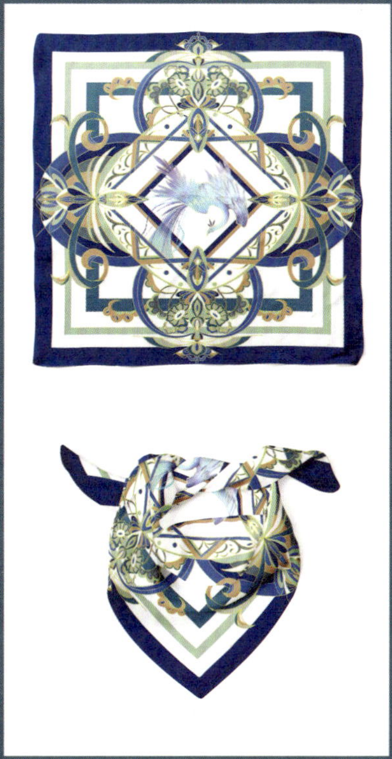

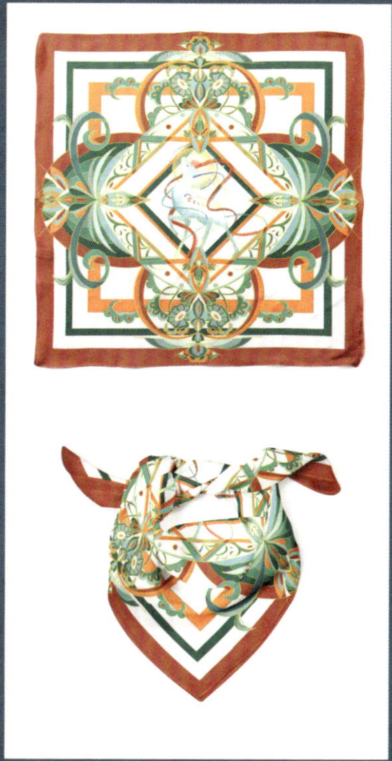

彝寨

作　　者／刘合五燃莫
指导老师／殷　实　徐丽蓉　翟有恒

中华民族历史悠久，各个民族都有各自优秀的民族文化。这些民族美都需要被发现，而彝族就是其中之一。

彝族纹样历史悠久，早在三国时期就有了雏形，是中华文化的重要组成部分。彝族纹样在彝族文化中占有重要地位，研究分析彝族纹样对于发掘、保护、传承彝族文化具有重要的意义。彝族典型纹样来源于原始宗教信仰的自然崇拜、图腾崇拜和祖先崇拜，有着深厚的文化内涵，流传至今，运用广泛，独具特色。对彝族典型纹样——虎纹样、羊角纹、太阳纹、火纹样、葫芦纹进行详细剖析，研究五种典型纹样的起源、演变过程、文化内涵，并运用形式美法则归纳其基本特征。从符号学角度对彝族典型纹样的图像性视觉符号和符号语义进行解读。图像性视觉符号系统有单纯再现式、综合象征式、抽象几何式，有崇拜敬仰、驱灾求吉等美好语义表达。

《彝巂》是在对彝族典型纹样研究的基础上，结合越巂地区的特色，再融合当今社会发展的潮流进行的设计，侧重点是彝族的纹样和服饰。原先的颜色大多是以红、黄、黑为基础，颜色较为单一，因此要丰富它的色彩和纹样在现代设计中的应用原则、方法。

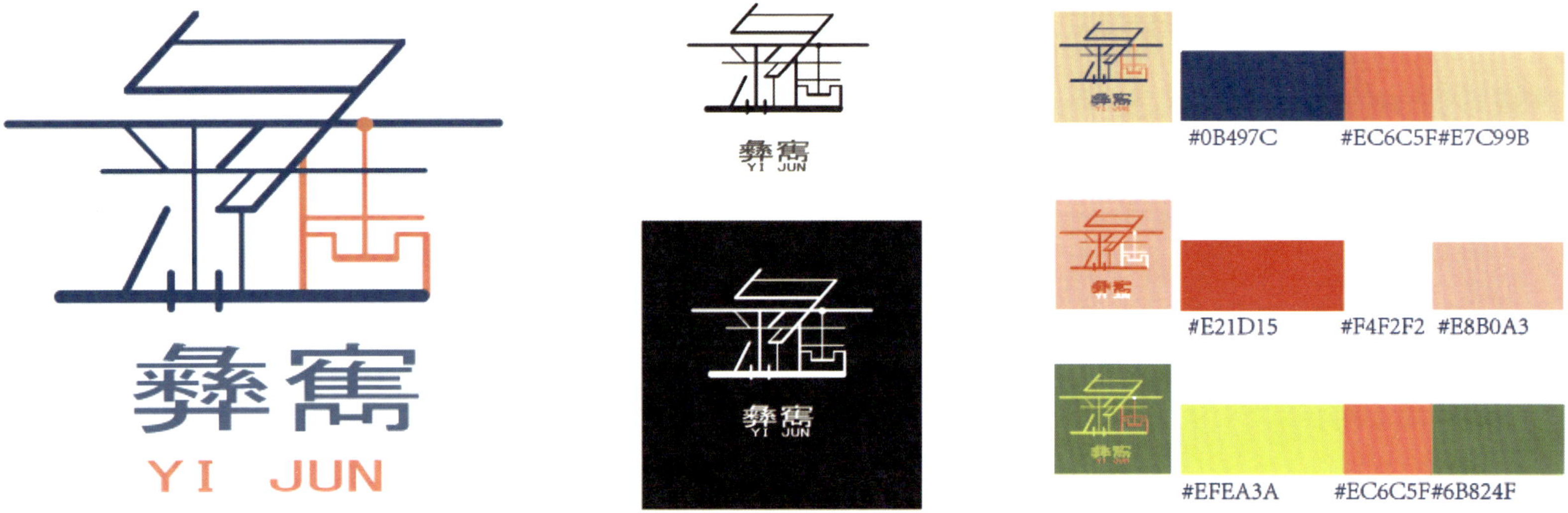
彝寯
YI JUN
#0B497C
#EC6C5F#E7C99B
#E21D15
#F4F2F2
#E8B0A3
#EFEA3A
#EC6C5F#6B824F

纹样
彝

服饰
彝

纹样
彝寨

纹样
彝寨

彝寓

彝族纹样

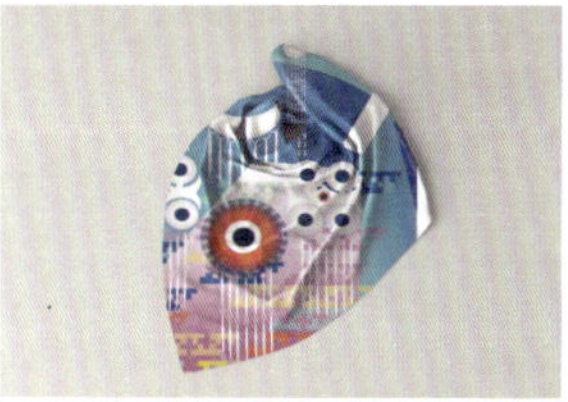

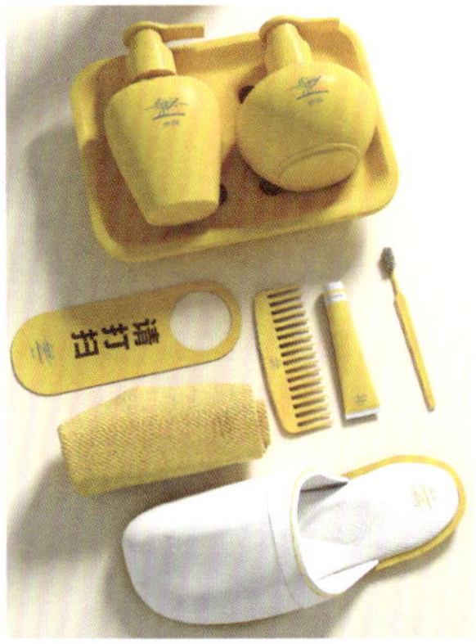
请打扫

中国「优」政

作　　者／徐仁静
指导老师／翟有恒

本设计以“金邮筒”展架所在地为参考，设计了具有浓厚当地特色文化的文创产品。

四幅图以沈阳的“九一八”历史博物馆、泉州的闽南邮局、北京的祈年殿、江苏的瘦西湖为背景，与舞狮吉祥物充分融合，从春、夏、秋、冬四个季节展现了我国舞狮文化，画面其乐融融，和谐美好，洋溢着节日的温馨氛围，充满着浓浓的“中国味”。

中华文化博大精深，千百年来饱经沧桑，展现过灿烂绚丽的文化盛宴，也经历过物资匮乏的战乱时期，这些跌宕起伏的经历共同丰富了中华文化的内涵，赋予了中华儿女特有的民族精神，让我们既能勇敢地面对沉重的过去，也能充满热情地张开怀抱，迎接新时期的到来。

爱你
Hi
中国邮政
要抱抱
累

2020 12 19

MERRY CHRISTMAS
我去
嘿嘿
我真的会流泪
让我拍拍你的皮鼓

中国邮政
CHINA POST

中国邮政
CHINA POST

中国邮政
CHINA POST

中国邮政
CHINA POST

中国邮政
CHINA POST

中国邮政
CHINA POST

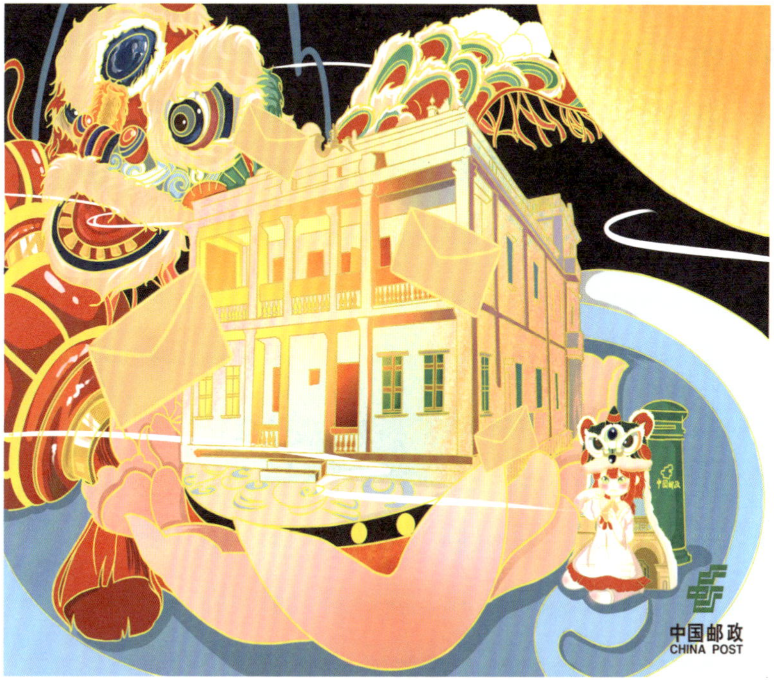
中国邮政
CHINA POST

中国邮政
CHINA POST

COTTON FACEMASK
MOCKUP

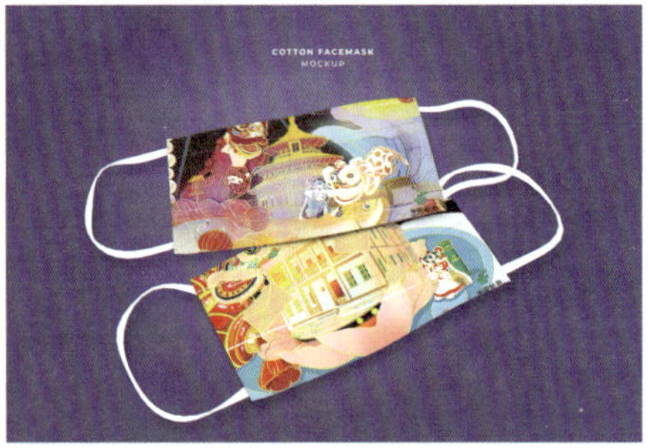
COTTON FACEMASK
MOCKUP

1
2

中国邮政
CHINA POST

中国邮政
CHINA POST

中国邮政
CHINA POST

中国邮政
CHINA POST

中国邮政

中国邮政
CHINA POST